Vrai de Vrai!

Authentic French for listening and reading comprehension

Kate Beeching

Oxford University Press

Oxford University Press, Walton Street, Oxford OX2 6DP

Oxford   New York   Toronto
Delhi   Bombay   Calcutta   Madras   Karachi
Petaling Jaya   Singapore   Hong Kong   Tokyo
Nairobi   Dar es Salaam   Cape Town
Melbourne   Auckland

and associated companies in
Beirut   Berlin   Ibadan   Nicosia

Oxford is a trade mark of Oxford University Press

Acknowledgements

For help in the production of the taped material, I should like to thank
Mme Suzanne Raugel and the staff and students of the Lycée Claude
Monet in Paris; Jean-Robert Gérard; and Patricia Vallender, whose general
advice and assistance in reading the manuscript was enormously
appreciated. I also gratefully acknowledge the contribution made by the
many people in Paris and in Brittany who so willingly agreed to talk on
tape.

I also wish to express my gratitude to the production team at Oxford
University Press for being cheerfully efficient throughout and to offer my
warm personal thanks to Fiona, William, and Megan Beynon and to Janet,
Richard, and Bryn Saunders-Williams, without whom the book would not
have been possible.

I am grateful to the following for permission to reproduce copyright
material:

Accueil Rural Finistère pp.62–3; Ali Press Agency Ltd. p.94; Auberge de
Jeunesse de Paris Jules-Ferry pp.18–9; Bateaux-Mouches Port de
l'Alma p.22; Bureaux de Tourisme de la SNCF p.12; La Documentation
Française (Josée Doyère in *Les Cahiers Français* no.165, mars-avril 1974)
p.33; Editions d'art Jos p.82; *Le Figaro* p.95; *Guide Vert Bretagne de pneu
Michelin* pp.39, 40, 70, 72; Intermonde-Presse p.94; *OK Age Tendre* (8–
14 décembre 1982) no.360 p.96; RATP p.95.

Although every effort has been made to contact copyright holders, a
few have been impossible to trace. The publishers apologize to anyone
whose copyright has been unwittingly infringed.

Photographs

Keith Gibson p.19; Ann Hughes-Gilbey p.100; Rex Features pp.49, 67
all, 88, 98, 99; RSPB Laurie Campbell p.101 left; RSPB Arthur Gilpin
p.101 right; Charlotte Ward-Perkins pp.7 bottom middle, 16 bottom
right, 29 both, 42 right, 57 both, 66, 69, 81; FEP (*100 fiches-cuisine de
ELLE*) p.76, Topham p.78, Elizabeth Smith p.42 left.

All other photographs are by Kate Beeching.

Illustrations are by Michael Bishop, Sue Heap, Peter Joyce, Techniques,
Shaun Williams.

The cover illustration is by Chloë Cheese.

Set by Tradespools Ltd., Frome
Printed in Great Britain by
Butler & Tanner Ltd,
Frome and London

Introduction

Vrai de vrai! is a collection of authentic French listening and reading material carefully tailored to the needs and interests of students working towards GCSE examinations.

Why authentic?

The exploitation of authentic material is being increasingly recommended both because of the obvious relevance of such things as menus and tourist information brochures and for the effect they have on students' motivation to learn the language. It has been shown that motivation is one of the factors – if not *the* factor – which is crucial in learning a foreign language. The national criteria for GCSE French stress that examination tasks should be of value outside the classroom and that the material used should be carefully selected authentic French.

In **Vrai de vrai!**, I hope to provide material which students will find interesting and enjoyable and which will at the same time give them a grounding in essential comprehension techniques. Each of the 24 units is based either on a survival situation – at the youth hostel, in the tourist office – or on a theme likely to appeal to young people – music, feminism, making a date to go to the cinema. Listening material recorded live in France is dovetailed with reading matter ranging from postcards written by French schoolchildren to train timetables to photographs. Whilst the language is ungraded, the amount which is demanded of the student both in the comprehension exercises and in the productive exercises at the end of each unit is suited to an expanding knowledge of the language. Guided composition at the beginning of the book leads towards the writing of short essays by the end. Alternative exercises are provided for the mixed-ability classroom. Transcripts of the listening material on cassette and a comprehensive French–English vocabulary list are provided at the back of the book.

The listening material

The live recordings on cassette may be exploited in different ways depending on the degree of proficiency of the students. Some students may be accustomed to listening to 'real' French, some may find that the speakers go too fast or that they seem to put in extra words – the hums and hahs of natural conversation. It is important to stress that the student is *not* expected to understand every word! Gist listening is a skill worth cultivating. It is not only useful for 'getting by' in the short term; it is the best way to increase one's knowledge of the language. The comprehension questions in the book focus attention on the key items in the passage. Sometimes a second series of questions demands more detailed analysis of the passage, involving listening twice or several times. The cassette may be used by the teacher in the classroom or in the language laboratory. In the classroom the teacher can give as much or as little guidance as he or she feels is necessary and this will depend very much on the particular group of students. The following check-list may, however, be useful:

1 Present any vocabulary which is new to the students.
2 Play the passage straight through.
3 Ask the students to read the questions.
4 Play the passage a second time, stopping the tape-recorder at relevant points to allow the students to answer the questions.
5 Play the passage straight through once more so that students may check their answers.
6 Discuss the passage with the students, referring to the transcript and replaying the passage if necessary.

In the language laboratory, more advanced students can work at their own speed, rewinding to find the answers to the questions. Transcripts of the passages are provided at the back of the book for two reasons: so that the student can check his comprehension by reading along whilst listening a final time, or for the student who is unaccustomed to the spoken word – he may wish to use the written form as a crutch until he gets used to the speed of delivery of natural speech.

The reading material

Again, the students are asked to follow the gist of a passage or to search for specific information – they are not expected to understand every word. Relevant vocabulary is listed beside each extract whilst the vocabulary list at the back of the book contains all but the most common words used in the book. The extracts are drawn from a wide range of sources. A number of varieties of the language are thus included and questions focus the students' attention on matters of style as well as of substance. Useful new vocabulary is rounded up in short productive exercises – some oral, some written – or puzzles.

Contents

1 La Manche

Channel crossings – the different possibilities

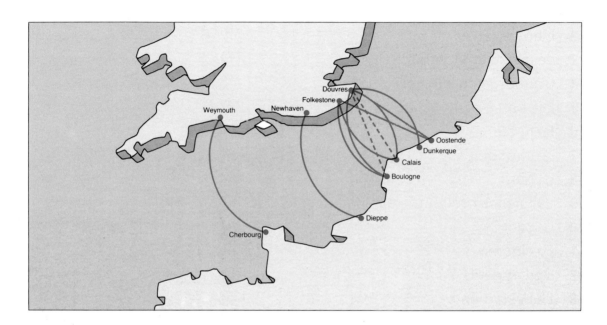

What's on offer

The shortest Channel crossing is Dover–Calais. You decide to go by Sealink. As the boat – the St. Christopher – leaves the harbour, an announcement is made. You miss the English version! See if you can find out where everything is by listening carefully to the French.

Listen to the whole passage twice in order to answer questions 1 and 2.

1 List the eight different facilities offered to travellers on the main passenger deck.
2 What is on the upper deck?

Now read the questions below, listen to the passage once more and answer the questions:

3 Does the cafeteria only serve drinks and snacks?
4 What is the special attraction of the bar?
5 You can buy a large number of items at reduced prices in the shops. List as many as you can.
6 What is on sale on the upper deck?

le pont de passagers passenger deck
principal main
supérieur upper
des boissons drinks
à des prix spéciaux at special prices
une vaste gamme a wide range
tabac tobacco
confiseries sweets
des casse-croûtes snacks
non-alcoolisées non-alcoholic

Landing arrangements

You're approaching Calais when there is another announcement, this time about disembarkation – **le débarquement**. Listen carefully and say whether the following statements are true – **vrai** – or false – **faux**.

1 Les passagers à pied doivent débarquer maintenant.
2 Ceux qui voyagent dans le car ou en voiture doivent rester à l'intérieur.
3 Il faut éteindre les cigarettes sur les ponts de véhicules.
4 La compagnie Sealink veut vous accueillir encore une fois à bord du St. Christopher.

les passagers ... sont priés
  would passengers please ...
le car coach
à l'intérieur inside
regagner to go back to, regain
la traversée crossing
accueillir welcome

Shopping in Calais

Walking through Calais you visit the shops below. Can you match up what you say in each shop with the right photo?

1

2

3

4

5

6

a Deux croissants et un pain au chocolat, s'il vous plaît.
b Vous avez du jambon, s'il vous plaît?
c Je cherche du dentifrice, madame.
d Deux cafés au lait ... et je voudrais aussi des timbres.
e Un kilo de pêches, s'il vous plaît, et une grande bouteille de coca.
f Un 45 tours, ça coûte combien, monsieur?

A night crossing from Brittany

After touring Brittany, you decide to return to Britain on the night boat from Roscoff. First read the information on the right carefully and decide with your partner what sleeping accommodation you prefer.

In the booking office

You go into the Brittany ferries office at Roscoff. Make your reservation! Write down your conversation, then act it out.

Vous: (Say hello. Say where you want to go and what date you'd like to travel on.)

L'employé: Oui, bien sûr. Vous êtes combien de personnes?

Vous: (Tell him.)

L'employé: Vous voyagez à pied, en voiture, à vélo?

Vous: (Tell him.)

L'employé: Vous voulez réserver des couchettes ou des cabines?

Vous: (Tell him what type of sleeping accommodation you have decided on.)

L'employé: Qui, c'est noté, mademoiselle/ monsieur.

On board ship

On the boat you pick up the **Guide– informations** brochure opposite. Read it carefully, then choose the correct answer.

1 a Il faut réserver une cabine avant le départ du navire.
   b S'il y a encore des places libres, vous pouvez réserver une cabine après le départ du navire.
   c On est sûr de pouvoir réserver une cabine même après le départ du navire.

2 a Il est probable que beaucoup de personnes emportent la clé de leur cabine.
   b Le matin il faut remettre la clé au bureau d'information.
   c La clé se trouve dans la serrure de la porte de votre cabine.

Salons repos, couchettes et cabines				
(Prix en francs français)				
Traversées de nuit:	**D**	**C**	**B**	**A**
• Cabine de 2 personnes avec lavabo, douche et wc.	300	300	300	348
• Cabine de 2 personnes avec lavabo.	264	264	264	288
• Couchette en cabine de 4 personnes avec lavabo, douche et wc.	120	120	120	144
• Couchette en cabine de 4 personnes avec lavabo.	96	96	96	114
• Couchette (sur navire Quiberon)	72	72	72	84
• Siège inclinable.	36	36	36	48
Traversées de jour: Tarif réduit. Nous consulter.				

le lavabo washbasin
la douche shower
la couchette berth
le siège inclinable 'Pullman' seat

3 a On ne peut payer les achats qu'avec des francs français.
   b Un mélange de francs français et de livres sterling n'est pas acceptable.
   c Les taxes ne sont pas comprises.

4 Si vous perdez quelque chose quand vous êtes à bord du navire, il faut
   a aller directement au bureau d'information du bateau.
   b vous adresser au Bureau «Brittany Ferries» dès que vous arrivez.
   c fermer à clé les portières de votre voiture.

5 Pour surmonter la mal de mer, il faut
   a manger.
   b éviter de manger.
   c prendre des médicaments avant d'essayer d'autres remèdes.

BIENVENUE A BORD

Afin de vous aider pendant votre voyage et vous guider dans vos achats nous vous invitons à prendre connaissance des informations suivantes:

CABINES:

Si vous n'avez pas loué une cabine avant votre départ, vous pouvez encore le faire à votre embarquement au bureau d'information du navire dans la mesure des places disponibles.

Vous trouverez la clé de votre cabine sur un porte-clés près de la porte. En quittant le bord, n'oubliez pas de l'y replacer.

Le courant électrique à bord est: 220 Volts C.A.

Afin de vous permettre de vous préparer et de déjeuner vous serez réveillé environ une heure avant l'arrivée au port.

RÈGLEMENT DE VOS ACHATS:

Il n'y a pas de bureau de change à bord. Seuls les francs français, les livres sterling et les pesetas (sur la ligne d'Espagne), sont acceptés ainsi que les chèques bancaires, chèques de voyage et cartes de crédit suivantes: Carte Bleue/Visa, Euro Card, Access Card, Master Charge, Diner's Club, American Express.

Nous vous prions de bien vouloir noter qu'un même achat n'est payable qu'en une seule monnaie.

Un reçu vous sera remis contre tout paiement effectué aux caisses.

Services et taxes sont inclus dans nos tarifs.

OBJET PERDUS:

En cours de voyage vous pouvez réclamer vos objets égarés au bureau d'information du navire.

Si vous constatez une perte après votre débarquement, nous vous invitons à vous adresser au Bureau 'Brittany-Ferries' de votre port d'arrivée.

Il est fortement recommandé de ne pas laisser d'objets de valeur dans votre voiture durant la traversée et de maintenir les portières fermées à clé.

MAL DE MER:

Un bon remède contre le mal de mer est de ne pas voyager l'estomac vide. Vous trouverez au bar un choix de consommations et au restaurant ou à la cafétéria de bons plats qui vous permettront (peut-être) de surmonter tout malaise.

Si cela n'est pas efficace, nos hôtesses tiennent gratuitement à votre disposition, au bureau d'information, des médicaments contre le mal de mer.

---

les achats purchases
prendre connaissance de to take note of

dans la mesure de depending on the number of
disponibles available

ainsi que as well as

égarés lost, mislaid
constater to find out about
une perte a loss

le mal de mer seasickness

9

2 L'hôtel

Booking a room

Jean-Robert goes into a hotel to make a reservation. Listen to his conversation with the woman behind the desk, then choose the correct answer, **a**, **b**, or **c**.

la douche   shower
remplir une fiche   to fill in a form
comprendre (compris)   to include (included)

1 Jean-Robert voudrait réserver une chambre pour
  a une personne.
  b deux personnes.
  c trois personnes.

2 C'est
  a pour ce soir seulement.
  b pour trois nuits.
  c pour un ami.

3 Il voudrait
  a deux chambres.
  b une chambre à deux lits.
  c une chambre à un grand lit.

4 La chambre
  a est sans douche.
  b n'a pas de bain.
  c est avec bain et douche.

5 L'employée
  a lui demande son nom.
  b va lui prier de remplir une fiche.
  c lui donne une fiche à remplir.

6 La chambre coûte
  a 440F.
  b 404F.
  c 44F.

7 Ce prix
  a comprend les repas.
  b comprend le petit déjeuner.
  c ne comprend pas le service.

8 **a** Il y a beaucoup de restaurants tout près de l'hôtel.
  b Le petit déjeuner ne se prend pas en chambre.
  c Le soir on peut manger à l'hôtel.

Sorry to bother you . . .

Jean-Robert uses a handy expression when asking a favour. He says:

Excusez-moi de vous déranger. Est-ce que vous auriez une chambre pour deux personnes?

Use the same phrase to ask for the items opposite:

Here are the words you need, but be careful! They are not in the same order as the pictures.

une lampe de chevet, une serviette de bain, quelques cintres, du papier et des enveloppes, un oreiller supplémentaire, du savon

Hotel signs

You go on holiday with a couple of friends. You've budgeted on spending 100 francs each a night – and no more! Look at the price list in the photo and answer the questions:

1 Is it cheaper to have single rooms with just a wash-basin and bidet or to share a room with bath and WC?
2 Can you afford to have a room with TV and radio?
3 And would you then be able to pay for breakfast?
4 Will there be any supplementary charges? (**TTC: Toutes Taxes Comprises**)

You think you'll have an evening out – as you go out the front door, you see this sign: ▼

ATTENTION !

LA PORTE D'ENTRÉE EST FERMÉE DE 1H Ã 7H. SI VOUS PENSEZ RENTRER TARD, N'HÉSITEZ PAS Ã DEMANDER UNE CLE DE LA PORTE DE SERVICE Ã LA RECEPTION . MERCI

1 What are they warning you about here?
2 What should you do if you are going to be back late?

TOURISME SNCF
Agence Gare du Nord
75010 PARIS
Tel 275252

CORSE

```
R E S I D E N C E   M A R I N A   V I V A
*****************************************
```

La Résidence Marina Viva est un village de vacances situé dans le Golfe d'Ajaccio.

L'Hotel Marina se trouve en bordure de plage, entouré d'arbres, et vous offre un confort digne d'un trois étoiles. Toutes les chambres sont spacieuses et possèdent une salle de bain et des toilettes indépendantes. Ces chambres sont agrémentées d'une loggia privée avec vue sur la nature.

Les bungalows sont blottis au milieu d'une végétation fleurie et abondante où vous vivrez en parfaite harmonie avec la nature.Chaque bungalow comprend 16 chambres toutes équipées de salle d'eau avec douche et lavabo. Les toilettes se trouvent à l'extrémité de chaque pavillon.

Les draps et le linge de toilette sont fournis par la Résidence Viva. Une plage immense vous attend, bordée de paillottes et de douches.

```
************************
      PRIX CHOC
************************
```

MINI-SEMAINE : - du 27 Avril au 01 Mai : 998 FFR par personne

- du 11 Mai au 15 Mai   : 998 FFR par personne

- du 18 Mai au 24 Mai   : 1 180 FFR par personne

- du 26 Mai au 01 Juin : 1 180 FFR par personne

COMPRENANT : - le transport aller et retour par avion

- les transferts aéroport/Résidence/aéroport

- le séjour en pension complète (boisson comprise)

- le logement en bungalow double à 2 lits

- l'assurance annulation et rapatriement.

```
***********************************************************
```

blottis nestled

fournis provided

les paillottes beach huts

l'annulation cancellation

le rapatriement repatriation

entourés de surrounded by

digne de worthy of

un trois étoiles a three-star (hotel)

agrémentées have the additional attraction of

The sunny South

You decide to go to Corsica (**la Corse**), an island to the south of Nice, for your holidays. You find the brochure on the page opposite describing the Marina Viva Hotel. Read it and answer the following questions in English:

1 Where is the hotel situated?
2 Would your room have a bathroom / shower / its own toilet?
3 If you decide on a bungalow, what facilities would you have?
4 What will your immediate surroundings be like?
5 Do you go by boat, plane, or train?
6 Are all meals included?
7 What does **boisson comprise** mean?
8 How many people does each bungalow take?
9 What do you think **l'assurance** refers to?

Make a list of the words and phrases which leave you in no doubt that this is an advertising brochure.
What impression do they give of the place? How do they do it? What sorts of phrases might we use in English? (e.g. 'a stone's throw from the beach')

A postal reservation

You want to spend a fortnight in Corsica from 15 to 30 May. You write to the manager and ask for a twin-bedded room with bath or at least with a shower. Ask what price it is including breakfast and whether any entertainment is laid on in the evening. Ask him if he could reply to your letter fairly quickly so that you can make other plans if necessary. We have helped you out by giving the frame of the letter below. Write it out, filling in the blanks with words taken from the list opposite.

quelques divertissements
une chambre à deux lits
du
avec salle de bains
répondre assez rapidement
refus
au
petit déjeuner
avec douche
une quinzaine

Au Gérant de la Résidence Marina Viva

Cher Monsieur,
        Un(e) ami(e) et moi avons l'intention de passer _____ en Corse et je voudrais réserver _____. Nous viendrions _____ 15 _____ 30 mai.
        Pouvons-nous être assurés d'avoir une chambre _____ ou du moins _____? Sur quel prix faut-il compter, _____ inclus?
        Je voudrais savoir aussi si vois avez prévu _____ le soir.
        Pourriez-vous nous _____ parce que nous devrons faire d'autres projets en cas de _____.
        Je vous prie, Monsieur, d'agréer l'expression de mes sentiments les plus distingués,

Mary Smith

3 Le métro et Montmartre

To Montmartre by métro

Look at the métro map on the page opposite. You're at Porte Dauphine – that's grid reference A2. You are asking a passer-by the way to Montmartre and Sacré Cœur (C1) by métro. Listen to the directions given on the tape and answer the questions in English:

1 Write down the name of the station you have to get off at.
2 What does the man mean when he says go Direction Nation?
3 Where do you have to change?
4 Which line do you have to take?
Using the map opposite:
5 List all the stations you will go past to get to Montmartre.
6 Count up how many stops there are after you change.

alors, voyons   let's see now
au prochain arrêt   at the next stop
donc là-bas   that's just over there
vous descendez   you get off

Asking the way

Work on the following exercise with your partner. Don't forget to swap roles!
One of you is advising the other how to get to Notre-Dame cathedral (C2) from the youth hostel at Cité Universitaire (C3). Check your route on the métro map opposite.

A: (Excuse yourself and ask how to get to Notre Dame.)
B: (Say Notre Dame, let's see now. Tell them that's métro station Cité. They should take the RER* at the Cité Universitaire and change at Châtelet-les-Halles.)
A: (Recap the instructions.)
B: (Say that's it and tell them to take the Porte d'Orléans line and get off at the next stop – Cité.)
A: (Thank them very much.)
B: (Say 'Don't mention it'.)

* **Réseau Express Régional** – fast suburban line

'Doing' Paris!

You're doing Paris. Invent similar dialogues in which you find your way by métro in the situations below. Work out the route using the métro map, then write down the conversation. Finally, act it out in pairs.

1 You want to go to the famous Paris flea-market – **le marché aux puces**. It's at the Porte de Clignancourt (C1). You get on at Cité (C2)

2 Next, you want to buy some perfume – the best place to go is Boulevard Haussmann where all the department stores are – that's métro Havre-Caumartin (B2). You get on at Porte de Clignancourt.

3 Your feet are killing you! Time for a picnic and a rest in the Jardin du Luxembourg. That's métro Luxembourg (C3). You walked along Boulevard Haussmann so you get on at Richelieu-Drouot (C2)

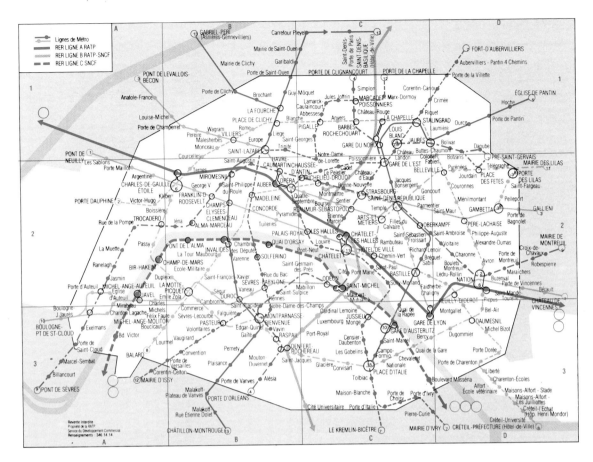

Rendez-vous beside the statue at République

You've got to pick up the overnight bus back to London beside the statue at République. You're having a cup of coffee on the Boul' Mich' (the trendy name for the Boulevard Saint Michel!). The nearest métro station is Saint Michel.

1 First find the stations Saint Michel (C2) and République (C2) on the métro map above.
2 Which line would you take?
3 Where would you change?

4 At Strasbourg Saint Denis, you see this sign:

What does it mean? Should you stay on this platform?

5 Which way now? Left or right? ▼

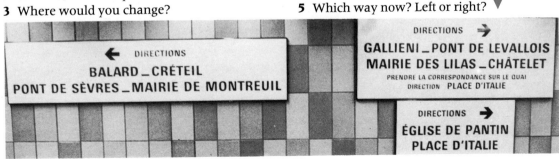

6 Phew! On the train . . .

How many stops to go?

7 What are they warning you about here?

8 Look at these three signs:

POUR VOTRE **SÉCURITÉ** VOUS NE DEVEZ PAS GÊNER LA **FERMETURE** DES PORTES

MAINTENEZ LE LOQUETEAU LEVÉ L'OUVERTURE SE FERA AUTOMATIQUEMENT AU MOMENT DE L'ARRÊT

EN CAS DE DANGER, SI L'OUVERTURE NE PEUT ÊTRE OBTENUE, ACTIONNEZ LE SIGNAL D'ALARME

What shouldn't you do 'for your own safety'? How do you get the door open? If the door doesn't open and you're in danger, what should you do?

9 At République, you see these signs. What do they mean and which way do you go?

La Basilique du Sacré-Cœur

One of the major tourist attractions in Paris is Montmartre. But why is this? Patricia tells all. Listen to what she says and choose the correct answer.

1 Pat describes Sacré-Cœur as
  a a church that many people have heard of.
  b a lesser-known basilica.
  c very difficult to get to.

2 To get there,
  a it takes about an hour to get up the hill.
  b if you're lazy, you can take the funicular railway.
  c there is a ten-minute walk from the funicular.

3 In the Place du Tertre, you will meet a lot of
  a bowls players.
  b lazy people.
  c artists.

4 You can have your portrait painted
  a on the spot.
  b in 60 seconds.
  c back at the artist's studio.

5 The bowls players
  a are quite a long way from the Place du Tertre.
  b often have competitions.
  c are at the foot of the hill.

6 At the foot of the hill
  a there are lots of exclusive boutiques.
  b there are many interesting shops, specializing in exotic foodstuffs.
  c everything is very expensive.

la basilique basilica, church
entendre parler de to hear about
que l'on accède par de différents moyens that there are different ways of getting to
paresseux lazy
se réunir to gather
à la minute on the spot
le haut/le bas upper/lower
il y a énormément de there are millions of
la nourriture marocaine/arabe Moroccan/Arab food
un quartier a part of the city
faire ses courses to do one's shopping

La Place du Tertre

What's the word?

le jeu de boules
acheter des choses
Paresseux? Prenez le ...... pour monter à la Butte Montmartre.
beaucoup de
magasins
ce qu'on mange
Ici il faut changer de ligne.
Où est la ......?
On arrive! Où est la ......?

```
--t--q--
---r- --- c------
----c-l----

e----é-e--
---t-----
---r----r-

--r r--------- -
---t--
```

4 L'auberge de jeunesse

JULES-FERRY

8,bd. Jules-Ferry - 75011 PARIS - Tél : 357.55.60

INFORMATIONS

1. Le PAIEMENT doit s'effectuer obligatoirement d'AVANCE. Si vous n'avez par réglé la nuitée à venir avant 10 h 30 le matin, votre lit ne sera pas réservé. Pensez à récupérer votre CARTE D'AUBERGE le matin de votre départ avant 10 h 30. Aucun remboursement ne sera effectué.

2. Gardez votre REÇU : Montrez-le quand vous demandez votre clé, votre petit-déjeuner, votre carte au moment du départ.

3. Toute RESERVATION ne peut être effective que si elle est PAYEE D'AVANCE.

4. Respectez nos HORAIRES :
L'Auberge est ouverte de 6 h à 2 h du matin.
Le bureau est ouvert de 8 h à 21 h.
Le petit-déjeuner a lieu de 7 h 45 à 9 h.

5. Il est interdit, pour des raisons évidentes d'hygiène, de dormir dans les couvertures sans DRAP-SAC ou DUVET. Si vous n'en avez pas, demandez-en à la réception et rendez-les quand vous partez ainsi que les taies blanches qui vous ont été confiées si vous apportez un duvet.

6. PROPRETE DES LIEUX : avant de partir veuillez ranger votre chambre :
– plier les couvertures et les placer sur votre lit ;
– jeter papiers, bouteilles etc. dans le panier de votre chambre ;
– au rez-de-chaussée nettoyer votre table après usage.

7. CLE : Il y en a une par chambre. N'oubliez pas de la rendre à la réception si vous êtes le dernier à quitter la chambre. Montrez votre reçu pour l'obtenir à la réception.

8. VOLS : Nous ne sommes responsables d'aucun vol. Gardez vos valeurs sur vous, même la nuit. Vous pouvez déposer vos appareils photos à la réception, mais pas d'argent.

9. Toute personne ou chambrée responsable de la présence d'un CLANDESTIN sera renvoyée sur le champ sans remboursement et les cartes d'A.J. seront gardées.

10. Il est strictement INTERDIT :
– de faire du bruit après 22 h ;
– de prendre une douche après 22 h ;
– d'utiliser des camping-gaz dans l'Auberge (y compris au rez-de-chaussée) ;
– de sécher du linge à l'extérieur de l'immeuble (aux fenêtres ou aux balcons) ou dans les chambres : il y a un local pour cela à la cave.

11. Si vous êtes venu en VOITURE ou en MOTO, nous vous conseillons vivement soit de mettre votre engin dans un parking payant soit de préférer à notre Auberge une autre se trouvant en banlieue. Quant aux VELOS, bouclez-les de manière très sûre devant l'Auberge (sans garantie) ou mieux, laissez-les à la consigne de la Gare de l'Est (2 stations du métro République).

With a rucksack on your back!

It's Christmas time. You go in to the youth hostel in Boulevard Jules Ferry near the Canal Saint Martin in Paris. Whilst waiting to talk to the man behind the desk, you glance at the information on the page opposite.

List the things that you are *advised* to do.
List the things which are strictly *forbidden*.

Say whether the following statements are *true* or *false*:

1 Il faut payer maintenant les trois nuits que vous pensez passer à l'auberge.
2 Le reçu qu'on vous donne n'a aucune importance.
3 L'auberge de jeunesse ne fournit pas de draps.
4 Comme il y a beaucoup de domestiques, il n'est pas nécessaire de ranger vos affaires.
5 Si on partage une chambre avec d'autres, il y a une clé pour chacun d'eux.
6 Quand on dort, il vaut mieux mettre son argent sous l'oreiller.
7 Si quelqu'un vous rend visite secrètement, méfiez-vous: l'auberge a le droit de vous renvoyer.
8 On ne peut pas utiliser des camping-gaz autre part qu'au rez-de-chaussée.
9 On peut sécher du linge à la cave.
10 Si vous avez un vélo on vous conseille de le laisser devant la Gare de l'Est.

l'auberge de jeunesse   youth hostel
le reçu   receipt
avoir lieu   to take place
les couvertures   blankets
le drap-sac   sheet sleeping bag
la propreté   cleanliness, tidiness
ranger   to tidy
plier   to fold
le panier   waste-basket
les valeurs   valuables
le clandestin   secret visitor
renvoyer   to send away
le linge   washing

Auberge de Jeunesse de Paris
JULES-FERRY

8, boulevard Jules-Ferry
75011 PARIS
Tél.: (1) 357.55.60
Métro : République

🌐 What's included?

Things are quieter at the hostel in Quimper in Brittany.
Listen to the tape and answer the questions in English:

1 How much does it cost a night?
2 Is this a standard price?
3 Does the price include meals?
4 Do you have to pay extra to have a shower?
5 What are the eating arrangements?
6 Are sleeping bags provided by the hostel?
7 What are the three main rules at the
   auberge?
8 What reasons does Mme Morillon give for
   having these rules?

bien aménagée   well equipped
l'utilisation   use
les locaux   premises, buildings
les douches   showers
libres   free
les draps   sheets
un sac de couchage   sleeping bag
louer   to hire
les règles   rules
propres   clean
tout de suite   straight away
déranger   to disturb

Why Quimper?

Listen to Jean-Philippe talking about his holidays and write
down the answers to the questions below in French:

1 Jean-Philippe faisait un tour de Bretagne.
   a en autocar.
   b en voiture.
   c à vélo.

2 Au départ il avait l'intention de passer la nuit
   a à l'hôtel.
   b dans une tente.
   c à l'auberge.

3 Il
   a faisait beau temps.
   b faisait froid.
   c pleuvait.

4 Pourquoi est-ce qu'on s'est arrêté à l'auberge de
   Quimper? (*trois raisons*)

5 Selon Jean-Philippe, qu'est-ce qui est intéressant dans
   une auberge de jeunesse?

6 Pourquoi est-ce qu'il est intéressant de parler plusieurs
   langues?

archéologique   archaeological
un lieu de rencontre   meeting
   place
parler plusieurs langues   speak
   several languages
plusieurs avis   different opinions
sur telle question   on such and
   such a matter

Canoeing down the Loire

Here is an advertisement for a weekend's youth-hostelling from the magazine *Objectifs Jeunesse*. What is included in the price of 60 francs?

You decide to write and book up for the weekend.
We have given you some help by giving you all the words you need – but in the wrong order!
First, rearrange the words in each sentence so that they make sense. Then, decide which order the sentences should come in. Think about where to start new paragraphs and write the letter.

AUBERGE DE JEUNESSE DE BEAUGENCY
125, route de Châteaudun
45190 BEAUGENCY Tél (38) 44.61.31

L'auberge propose un forfait pour le week-end: Ce forfait qui coûtera 60F comprend:
– Buffet campagnard le Samedi soir
– Soirée dansante le Samedi soir
– Petit déjeuner le Dimanche matin
– Au choix:
   – promenade à vélo le Dimanche en groupe ou en individuel (prêt gratuit de vélo)
   – descente de la Loire canoë kayak jusqu'à Montlivault et retour à vélo.

Dans les deux cas, pique nique fourni pour le repas du Dimanche midi.

Tu trouveras en outre, tous renseignements sur les activités en auberges et les voyages pendant le week-end.

BON D'INSCRIPTION WEEK-END du 1er MAI
A retourner à l'Auberge de Beaugency
Route de Chateaudun 45 BEAUGENCY

NOM: .... Adresse: ....
Règlement de 60 F: Activités vélo .... ☐
Descente de la Loire .... ☐

Monsieur,
1 à vélo/ pourriez-vous/ combien de kilomètres/ me dire/ il faut faire
2 dans le magazine/ j'ai trouvé/ «Objectifs Jeunesse»/ votre adresse
3 serait-il/ vous/ de m'y inscrire/ possible?
4 Monsieur/ d'agréer/ l'expression/ les plus respectueux/ je vous prie/ de mes sentiments
5 s'il est nécessaire/ un duvet/ je voudrais savoir/ d'apporter/ aussi
6 participer/ du 1er mai/ je voudrais/ au weekend
7 de la Loire/ je préfère/ le dimanche/ en canoë kayak/ faire la descente
8 le règlement/ ci-joint/ de 60F/ vous trouverez

Simon Clark

FÉDÉRATION UNIE DES AUBERGES DE JEUNESSE
11 bis, rue de Milan - PARIS-IX - Tél. 874.66-78
Association agréée par le Ministère de l'Education Nationale
MEMBRE DE LA FÉDÉRATION INTERNATIONALE DES AUBERGES DE JEUNESSE

Carte d'adhérent 1983
valable jusqu'au 31 décembre
No 138431

Nom   R.A M E S
Prénom   Fabrice
Adresse 8 rue H. Boucner
Ville   TOURS (Dept. 37)
Né le   2.1.65. à Tours
Nté   FRANÇAISE Prof. ETUDIANT
A   TOURS le 26.8.83.

Le Président :

5 Les bateaux mouches

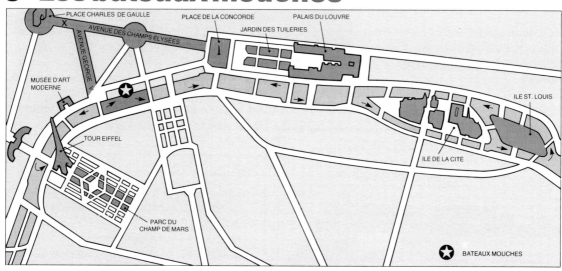

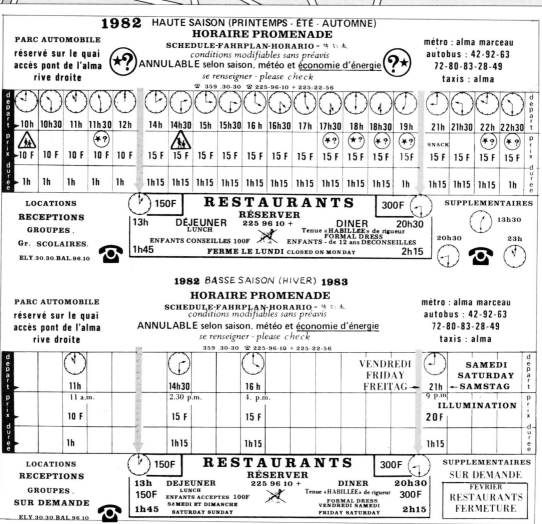

Asking for information

You decide to see Paris the lazy way – by taking a 'bateau mouche' down the River Seine. You go into the tourist office on the Champs Elysées (✗ marks the spot on the map opposite!) to ask for details. Listen to what the assistant says and consult the map when appropriate to help you decide whether the statements below are true or false. Write down the sentence which tells you.

1 You get on the bateau mouche at the Pont de l'Alma.
2 You should book up in advance.
3 There are boats leaving every half hour.
4 The trip lasts about an hour.
5 You go past the Eiffel Tower on the return trip.
6 It costs ten francs.

To get to the Pont de l'Alma from the tourist office, . . .

7 . . . you should take the métro.
8 . . . you go down Avenue George V.
9 . . . it takes ten minutes on foot.

le dépliant	leaflet
les horaires	timetables
à peu près	approximately
le trajet	trip
revenir	to come back
ce n'est pas la peine	it isn't worth . . .

Checking up on details

Consult the section in the leaflet entitled **L'Horaire Promenade – Haute Saison**. Answer the questions below in French:

1 Ce symbole (✱?), que signifie-t-il?
2 Si vous prenez le bateau de treize heures, combien cela coûtera-t-il?
3 Et votre frère de dix ans, peut-il vous accompagner?
4 Et Fifi, le petit chien de votre amie française?
5 Vous décidez de casser la croûte au bord de la Seine et de prendre le prochain départ. Y a-t-il une promenade à treize heures trente? Qu'est-ce qu'il faut faire?

Consult the section **L'Horaire Promenade – Basse Saison (Hiver)**. You've been invited to Sunday lunch on the Seine by a French family. Answer the questions in French:

6 A quelle heure est-ce qu'il faut se rendre au Pont de l'Alma?
7 Combien cela coûtera-t-il? Il y aura deux adultes et trois enfants âgés de neuf, onze et quinze ans.

8 Quel mois de l'année n'y a-t-il pas de service restaurant?
9 Et votre ami français, où peut-il garer sa voiture?
10 Vous voulez voir Paris la nuit.
   a Quand est-ce que vous partez?
   b Quel est le prix?
   c A quelle heure est-ce qu'on revient?

At your convenience!

On your way round to the bateaux mouches you pop into the toilet.

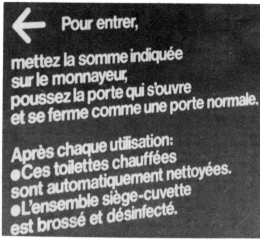

But how do you get in?
What indicates that these are 4-star toilets?!
How do you know they will be perfectly clean?

Can children go in?

After all that, what do you think **hors service** means?!

Buying boat tickets

On arrival at the Pont de l'Alma, you go to buy your tickets.
What do these signs from above the ticket office mean?

VERIFIEZ IMMEDIATEMENT VOTRE MONNAIE

You're with two adults, your kid brother who's ten, and the baby – two and a half years old. Fill in the gaps in the conversation with the person at the ticket office, working out the price from the sign:

ADULTE _____ 15 F
ENFANT _ – 12 ans _ 10 F
ENFANT – 5 ans gratuit
PROMENADE _____ 1h15
ALLER ET RETOUR NON STOP
ALMA-NOTRE-DAME-LIBERTÉ-ALMA

Vous: Je voudrais _____ tickets, s'il vous plaît, _____ adultes, un _____ et un petit _____ .
L'employée: Très bien, ça vous fait _____ F, s'il vous plaît.
Vous: Le _____ départ est à _____ heure?
L'employée: A deux heures et demie.
Vous: Et quand est-ce qu'on reviendra ici?
L'employée: Oh, le trajet _____ une heure quinze minutes. Alors, vous rentrez ici à _____ .
Vous: Et _____ on doit se présenter?
L'employée: Vous passez par là, messieurs-dames.

La Tour Eiffel

On the boat you listen to the commentary about the buildings you pass. You've got your ear in by the time you go past the Eiffel Tower. Listen to the recording on the tape and show off how much you understand!

1 'In case you didn't know, that's the Eiffel Tower on your _____.
2 When it was built, it was the tallest building in the world – now there are several _____ and _____ which are taller.
3 Although it's entirely made of _____, it's remarkably light, exerting a pressure of __ kg per square centimetre, that's the same as _____.
4 Every seven years, it's _____.
5 If you want a meal or a drink, you should go to the _____.
6 To get a good view over Paris, you should _____.'

un gratte-ciel skyscraper
des tours de télécommunication telecommunication towers
dépasser to overtake
un chef-d'œuvre masterpiece
l'exposition universelle universal exhibition
la charpente framework
soit or in other words . . .
la marche step
le coucher du soleil sunset

Mathematically minded?

Join in the numbers game. People are always impressed by figures. Copy this grid, listen to the tape and fill in the gaps – you may have to listen more than once!

Hauteur	Construite en	Poids	Combien de peinture?	Combien de marches?	Vue sur Paris	Heures de visite
. . . . . . mètres	18 . .	. . . . . . tonnes	. . . . . . tonnes	. . . . . .	jusqu'à . . . . . . kms	Hiver: . . h à . . h Eté: . . h à . . h

A masterpiece of engineering

The tour organizers are so impressed by your knowledge they ask you to write a short piece for their tourist brochure! Copy out the passage below filling in the blanks· with the correct word or phrase from the list opposite:

La Tour Eiffel, _____ le plus universellement parisien, se dresse, telle une vigie, _____ de la capitale. _____ de la légèreté et de la _____, elle fut _____ par Eiffel à l'occasion de _____ de 1889. Elle représentait alors le monument _____ du monde. Du _____ (300 métres) la vue _____ à 67 kilométres lorsque le temps le _____.

permet
résistance
au-dessus
l'exposition
chef-d'œuvre
construite
porte
sommet
monument
le plus haut

25

6 La poste

In the post office

Listen to the passage and decide whether the following statements are *true* or *false*. Write down the sentence in the passage which makes you think this.

1 Jean-Robert voudrait des timbres pour l'Angleterre.
2 Le tarif d'une carte postale pour l'Angleterre est de 2,10F.
3 Jean-Robert achète deux timbres, un pour une carte postale et un autre pour une lettre.
4 Cela fait 6,40F.
5 Il n'a pas d'argent.
6 Il donne un billet de 50F à l'employée.
7 Jean-Robert voudrait téléphoner à Londres. Il demande s'il faut s'adresser à un guichet spécial.
8 Pour téléphoner à Londres, vous n'avez qu'à composer votre numéro dans une cabine téléphonique.

je n'ai pas de monnaie I haven't any change
je m'excuse I'm sorry
un appel téléphonique a telephone call
où dois-je m'adresser? who should I ask?
ça marche avec des pièces you can use coins
même pour Londres even for London

Your turn now

Write down the following conversation, then act it out with a partner.

You want to send off a letter and a post card to England. Ask for the stamps (1). Ask how much it comes to (2). You only have a 100F note – apologize to the girl (3) and ask where you should go to make a telephone call to London (4). (Don't forget common courtesies: greetings and pleases and thank-yous!)

Vous: _____
L'employée: Bonjour, messieurs-dames.
Vous: (1) _____
L'employée: Alors, un timbre pour une lettre et un timbre pour une carte.
Vous: (2) _____
L'employée: Ça vous fait 3,70F.
Vous: (3) _____
L'employée: Ça ne fait rien. Voilà vos timbres. Et de la monnaie. C'est tout?
Vous: (4) _____
L'employée: Ça marche automatiquement dans les cabines téléphoniques là.
Vous: _____
L'employée: Merci. Au revoir.

Making a phone-call

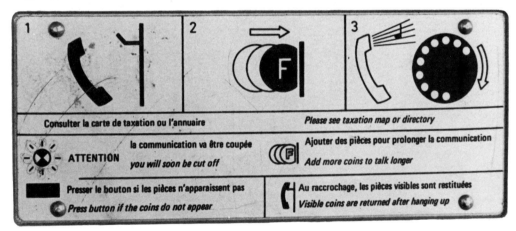

You're in luck – they've given the instructions on the phone in English! How does a French public telephone differ from an English one? For future reference, see if you can find the French terms for:

telephone directory
coins
hanging up

What French phrases do you think you might use when talking to the telephone operator in a small village in order to:

1 ask if you can consult the telephone directory.
2 say that you've been cut off.
3 and that you would like to talk longer.
4 say that your coins have not appeared.
5 and that you *did* press the button!
6 say that on hanging up your coins were not returned.

Post office information

Les PTT de France vous souhaitent la bienvenue.

vous désirez téléphoner …

Utilisez, en vous munissant préalablement de pièces de monnaie, une des 115 000 cabines existant sur la voie publique ③ ou adressez-vous au guichet téléphone d'un de nos 18 000 bureaux de poste ①, si vous appelez à partir de votre hôtel, du café ou du restaurant, votre facturation risque d'être supérieure à la taxe officielle (maximum 40%).

Communications spéciales: (avec surtaxe)
• PRÉAVIS (PERSONNELLE). N'est établie et facturée que lorsqu'il est possible de joindre personnellement le correspondant demandé.
• PCV (PAYABLE A L'ARRIVÉE). Est payée, après accord, par la personne que vous appelez.

… télégraphier …

Pour joindre rapidement quelqu'un à qui vous ne pouvez téléphoner, déposez votre texte au guichet d'un bureau de poste ① ou téléphonez-le depuis l'hôtel. La taxe varie suivant la destination et le nombre de mots avec un minimum de perception de 10 mots (France) ou de 7 mots (autres pays).

… recevoir votre courrier …

• Votre adresse en France comporte un code de 5 chiffres – ne l'oubliez pas.

• Le courrier adressé en 'poste restante' dans une ville ayant plusieurs bureaux est, sauf précision, disponible au bureau principal. Le retrait d'une correspondance donne lieu à paiement d'une taxe.

• Pour toute opération de guichet (retrait de courrier ou d'argent) on vous demandera votre passeport ou une pièce d'identité, pensez-y!

• Un courrier parvenu après votre départ peut vous être réexpédié. Renseignez-vous aux guichets.

… effectuer des envois …

• **L'achat des timbres:** dans les bureaux de poste ① (où on vend également des aérogrammes), les bureaux de tabac ou dans les distributeurs automatiques jaunes disposés sur la façade de certains bureaux. Ils fonctionnent avec de la monnaie.

① enseigne d'un bureau de poste

• **Les boîtes de dépôt des lettres:** à l'extérieur et à l'intérieur des bureaux de poste, mais aussi près des bureaux de tabac et lieux de fort passage du public ②.

• **Paquets:** les paquets adressés à d'autres pays jusqu'à 1 kg (ou 2 kg au tarif des lettres) acceptés par les bureaux de poste doivent porter extérieurement une étiquette verte de douane.

• **Colis postaux:** les colis postaux sont acceptés au bureau de poste principal de chaque localité.
– 'Avion' jusqu'à 10 ou 20 kg suivant destination.
– 'Voie de surface' jusqu'à 5 kg et jusqu'à un certain format pour tous pays (au-delà de ces limites de poids ou de dimension, les colis postaux 'voie de surface' peuvent être confiés à la SNCF).

… envoyer ou recevoir de l'argent …

Pour le paiement ou l'émission de mandats ou l'échange de 'post-chèques' adressez-vous directement au bureau de poste de votre choix.

en vous munissant préalablement de pièces de monnaie getting the appropriate coins ready
votre facturation risque d'être supérieure you may be charged more
un minimum de perception a minimum charge
réexpédié forwarded
lieux de fort passage du public crowded shopping areas
jusqu'à up to

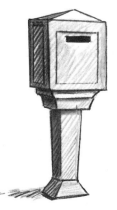

② boîte aux lettres

③ cabine téléphonique

You pick up the leaflet on the page opposite which tells you about post offices in France. Later, in the youth hostel, you meet a young German. He is frantically trying to keep up a correspondance with his girlfriend in Germany, speaks English very well but not much French. Read through the leaflet to see if you can give him the information he requires.

1 I want to phone Germany. Do I have to go to the post office to do it?
2 What should I ask for to get a transfer charge call?
3 It's my girlfriend's birthday. I'm going to send her a telegram – what's the minimum number of words I can put on it?
4 I'm leaving Paris today – I'm off to pick up my mail poste restante. Do I need any money or documents?
   And what happens if a letter arrives after I've gone?
5 The post office is shut at the moment. Where else can I get hold of some stamps? And where else can I post my letters?
6 I can't shut my suitcase – I'll have to make up a parcel. These books weigh at least ten kilos – do you think I can send them airmail?
7 My father has sent me a money-order. Where do I go to change it?

Putting it in the post

1 Are collections on Saturday the same as on a normal weekday?
2 Is there a Sunday collection?
3 If you post a letter to Toulouse at 7 p.m., will it catch that day's post?

4 You've bought a load of French magazines which you want to send back to England – how do you know you have to take them to the post office, not post them here?

7 Le shopping

Changing money

You're off to do some shopping but you need some money first. You go into the nearest bank.

Listen to the tape and choose the correct answer.

1 If you use your Eurocheque card, the amount should be
a in French francs.
b made payable to the French bank you're cashing it at.
c for a minimum of 50 francs.

2 The exchange rate is
a 10,49F.
b 8,50F.
c £50.

3 The bank takes a commission of
a 10,49F per transaction.
b 8,50F per cheque.
c 8½% of each cheque.

4 The bank clerk asks you for
a your cheque card.
b your cheque book.
c your passport.

5 He also needs
a your account number.
b your passport.
c your date of birth.

la livre   pound sterling
le cours du change   the exchange rate
le billet   note
la monnaie   change
la pièce   coin

6 The bank clerk gives you
a four notes and some change.
b five 100 franc notes and four coins.
c some notes, and a 10 franc, a 5 franc and a 1 franc coin.

7 The sum total comes to
a 515 francs.
b 516 francs.
c 506 francs.

Now listen to the tape once more and find the French equivalents for the questions below. Write them down.

8 Who shall I make the cheque payable to?
9 What is today's date?
10 What is the rate of exchange today?
11 What commission do you take?
12 You'll give me five notes and some change, is that it?

Bank opening hours

Vrai/faux?

Look at the photos and decide whether the following statements are *true* or *false*. Write the correct version of any false statements.

1 Lundi la banque n'est pas ouverte avant neuf heures le matin.
2 Mercredi la banque ferme le soir à cinq heures et quart.
3 A Pâques la banque est ouverte le samedi.
4 Pendant la saison estivale la banque s'ouvre le weekend.

5 On ouvre plus tard le samedi matin que pendant la semaine.
6 Le weekend on peut changer de l'argent pendant l'heure du déjeuner.
7 Le dimanche la banque est fermée l'après-midi.
8 Le jeudi 14 août la banque sera fermée toute la journée.

Act it out

You go into a bureau de change. You want to change some money using your cheque card. Act out the conversation in pairs.

Vous: (Say hello. Ask if he accepts Eurocheques.)
L'employé: Oui, bien sûr.
Vous: (Say you want to change £35 and ask to whom you should make the cheque payable.)
L'employé: Banque Nationale de Paris.
Vous: (Very good. Ask what the date is today.)
L'employé: Le 26 avril.
Vous: (Say there you are, presenting your cheque card and passport.)
L'employé: Merci. Alors vous inscrivez votre nom, prénom et adresse ici.

Vous: (Say right, and ask what the rate of exchange is.)
L'employé: Un moment. Alors, le cours c'est 11,05F.
Vous: (Say that's fine and ask what commission they take.)
L'employé: 8,50F par cheque.
Vous: (Thank him.)
L'employé: Alors, vous passez à la caisse, s'il vous plaît.
Vous: (Ask him if he can give you four notes and some change.)
L'employé: Alors, cent, deux, trois, trois cent cinquante, soixante, soixante dix-neuf, trois cent soixante dix-neuf francs et quinze centimes. Merci.
Vous: (Thank him and say goodbye.)
L'employé: Je vous en prie. Au revoir.

⊘ Buying basic foodstuffs

You've got some money – now off to the grocer's.
Listen to the conversation with the shopkeeper and list the
items being bought.
Now listen again and decide whether the statements below
are true or false:

1 Il n'y a pas de lait frais.
2 Le lait frais est demi-écrémé.
3 Le lait stérilisé est en carton.
4 L'épicière n'a que du vin ordinaire.
5 On achète du vin rouge.
6 On achète un litre de vin blanc.
7 Il y a vingt doses dans un paquet de thé.
8 Le thé en vrac est en paquets de 100 grammes.
9 L'épicière n'a pas de beurre salé en paquets de 250
grammes.
10 On achète du chocolat en poudre.
11 Le chocolat à croquer est en tablettes de 100 grammes.
12 Tout cela coûte 35F.

du lait entier   whole milk
demi-écrémé   semi-skimmed
en doses   in bags
en vrac   loose
le beurre salé   salted butter
le beurre doux   unsalted butter
du chocolate en poudre
   drinking chocolate
du chocolat à croquer   eating
   chocolate
aux noisettes   with hazelnuts

You choose

With a partner, say which one you'd like, as in the example.

La vendeuse: J'ai du lait entier frais et du lait
stérilisé demi-écrémé.

Le/la client(e): Alors je prends deux litres de
lait entier, s'il vous plaît.

J'ai ...
Alors je prends ...

J'ai ...
Alors je prends ...

J'ai ...
Alors je prends ...

J'ai ...
Alors je prends ...

La salubrité publique

Vous avez des animaux domestiques?
Cela vous dérangerait-il de voir un tel panneau à l'entrée
d'un magasin d'alimentation?
Est-ce que vous aimeriez mieux acheter la nourriture là où
on a ce panneau?
Selon vous est-il indispensable d'avoir de tels panneaux?

Nous regrettons de ne pouvoir
accepter vos Amis

Le petit commerce – mort ou vif?

Is the corner shop dying out because of the big supermarkets? Read this article carefully and answer the questions in French.

C'est l'essor des grandes surfaces qui provoqua la révolte des petits commerçants: les «usines à vendre» installées au croisement des chemins, dans des champs de betteraves, drainent vers cette forme moderne du commerce une clientèle motorisée de plus en plus séduite par la distribution de masse et les bas prix. Le petit commerçant, bousculé par la concurrence sauvage de ces nouveaux venus aux dents longues, se sent la victime de forces économiques qui le dépassent [...] En fait, de nombreuses causes expliquent les **difficultés des petits commerçants**: l'exode rural la motorisation, la création de villes nouvelles sans équipement commercial sont les raisons le plus souvent citées. Mais il faut ajouter le gonflement excessif de l'appareil commercial en petites unités au lendemain de la Seconde Guerre mondiale où, à cause de la pénurie, une boutique permettait de faire rapidement fortune, sans compétences particulières; le vieillissement et la non-adaptation d'un secteur où la moyenne d'âge est très élevée; le refus de nombreux commerçants d'admettre que la gestion d'une petite entreprise, en période de concurrence, est devenue un métier difficile où seules la rigueur et l'imagination peuvent aider à la réussite...

Certes, de nombreux petits commerçants ont dû fermer boutique (surtout dans l'épicerie et l'alimentation générale), et certaines cessations d'activité cachent des drames qu'il faut traiter comme des cas sociaux individuels. Mais **le reste du petit commerce se porte bien.** [...]

Bien vivant – félicitons-nous-en – le petit commerce apporte des services indispensables au consommateur et il est normal que le consommateur paie à son juste prix la proximité, la rapidité, la gentillesse, la compréhension, les conseils du petit commerçant.

Reconnaissons bien, toutefois, que l'on ne répond pas aux besoins de métropoles, groupant des millions d'habitants, par un commerce usant des mêmes méthodes qui suffisaient à satisfaire des agglomérations de vingt mille âmes; d'où le développement et le succès des grandes surfaces.

Mais, contrairement à ce que l'on pourrait croire, grandes surfaces et petits commerces sont complémentaires dans la société où nous vivons, et vouloir les opposer irréductiblement ne peut être qu'artificiel. La bonne santé du petit commerce, dans son ensemble, est là pour le prouver.

Josée Doyère,

l'essor the rise
les grandes surfaces supermarkets
les betteraves beetroot
bousculé jostled
la concurrence competition
le gonflement growth
la Seconde Guerre Mondiale the Second World War
la pénurie shortages
la moyenne d'âge the average age
la gestion management
féliciter to congratulate
les agglomérations urban sprawls
irréductiblement unconditionally

1 Pourquoi est-ce que les gens vont dans les «grandes surfaces» pour faire leurs courses?

2 Quelles sont les raisons qu'on donne généralement pour expliquer les difficultés des petits commerçants?

3 Qu'est-ce qui s'est passé après la Seconde Guerre Mondiale?

4 Pourquoi est-ce que ces boutiques ont cessé de rapporter beaucoup?

5 Surtout quel type de petit commerce a dû fermer?

6 Dans l'ensemble, est-ce que le petit commerce est mort, selon l'auteur?

7 Le petit commerce, quels services offre-t-il au consommateur?
A votre avis est-ce que ces services justifient des prix plus élevés?

8 Les grandes surfaces, où répondent-elles particulièrement aux besoins de la clientèle selon l'auteur?

9 Qu'est-ce qui prouve que le petit commerce est bien nécessaire?

A discuter

Où est-ce que vous préférez faire vos courses?
Dans quelles circonstances allez-vous chez l'alimentation générale tout près de chez vous?
Estimez-vous que le petit commerce est toujours bien vivant?

Based on what you have said above, write a short essay – 200 words maximum – entitled **Le Petit Commerce – Mort ou Vif?**

8 La gare

Arriving in Paris – the Gare du Nord

At the Gare du Nord, you'll see these signs.
Look at them carefully and answer the
questions.

1 What is an **autocar**? ▲
2 Why would you catch an **autocar
   intergare**?
3 Where are they?

4 Why do you have to stop at this gate? ▲
5 What do you think **compostez-le** means?

6 Which way for .. **a** the departure hall? **b** customs? **c** lost property? **d** the fast suburban line?
   e the waiting room? **f** the car-hire office? **g** left luggage? **h** the arrivals board?

⊘ Asking about trains to Paris

You're in Quimper. A friend wants to get on the next train back to Paris – you're making enquiries about departure and arrival times. Listen to the passage and choose the correct answer.

des friandises snacks
le quai platform
la voie track

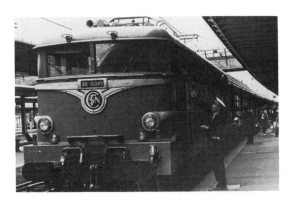

1 The journey to Paris takes approximately
  a five hours.
  b six and a half hours.
  c seven and a half hours.

2 On the train
  a snacks and drinks can be obtained.
  b there is a restaurant car.
  c you can have lunch.

3 The train goes from
  a track 2.
  b platform 1.
  c track 1.

4 **a** It is not a through train.
  b You have to change at Rennes.
  c It's a direct train for Paris.

Now listen again and write down how you would ask for the following things:
5 when the next train leaves for Paris.
6 if there's a restaurant car.
7 what platform it goes from.
8 if you have to change.

⊘ An overnight train to Nice

You have decided to head down to Nice – you ask the woman behind the desk for information. Copy the grid below, then listen to the tape and fill in the details – we've helped you out with some of them!

Le prochain train pour Nice	Et en couchette?	Le prix (en seconde classe)	Voie No.	Quai No.
Quimper – dép. . . . h23	– dép. . . . h42	aller: . . . F aller-retour: . . . F	. . .	. . .
Redon – arr. 15h34 – dép. 15h . . .				
Nantes – arr. 16h28 – dép. . . . h42				
Lyon – arr. 23h . . .	– arr. (couchette) . . . h50 – arr. (places assises) 09h43 – dép. 07h . . . – arr. 13h . . .			
Nice				

Excursion to Arras

It's Sunday 25 May. You're in Paris. You want to go to Arras for the day. You consult the timetable below. Read the questions beneath it and search for the information in the timetable!

circuler to run
vente ambulante trolley service

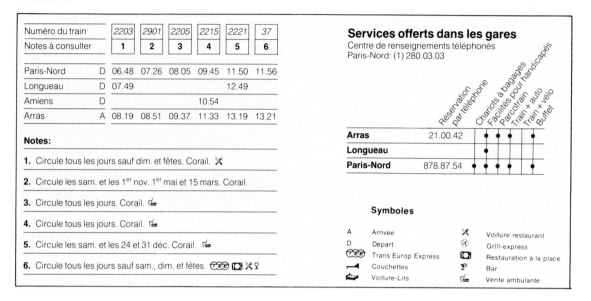

Numéro du train		2203	2901	2205	2215	2221	37
Notes à consulter		1	2	3	4	5	6
Paris-Nord	D	06.48	07.26	08.05	09.45	11.50	11.56
Longueau	D	07.49				12.49	
Amiens	D				10.54		
Arras	A	08.19	08.51	09.37	11.33	13.19	13.21

Notes:

1. Circule tous les jours sauf dim. et fêtes. Corail. ✗

2. Circule les sam. et les 1er nov. 1er mai et 15 mars. Corail.

3. Circule tous les jours. Corail. ⮬

4. Circule tous les jours. Corail. ⮬

5. Circule les sam. et les 24 et 31 déc. Corail. ⮬

6. Circule tous les jours sauf sam., dim. et fêtes. ⬭⬭ ▢ ✗ ⚲

Services offerts dans les gares
Centre de renseignements téléphonés
Paris-Nord: (1) 280.03.03

		Réservation par téléphone	Chariots à bagages	Facilités pour handicapés	Parcotrain	Train + auto	Train + vélo	Buffet
Arras	21.00.42		•	•	•			•
Longueau								
Paris-Nord	878.87.54	•	•	•	•			•

Symboles

A	Arrivée	✗	Voiture restaurant
D	Départ	⊗	Grill-express
⬭⬭	Trans Europ Express	▢	Restauration à la place
⮬	Couchettes	⚲	Bar
⬯	Voiture-Lits	⮬	Vente ambulante

First look at the timetable and work out what information is given:

1 What do the numbers at the top (2203, 2901, 2205 ...) correspond to?
2 What do the numbers 1–6 given just below that refer to?
3 Why are some stations marked D and some A? (Check in the section entitled *Symboles*.)

Now, remembering to consult notes 1–6, see if you can answer the following questions:

4 What time does the first train *which runs on a Sunday* leave Paris-Nord in the morning?
5 Do you get full restaurant service on this train?
6 Does the 2215 which leaves at 09.45 run on Sunday and does it have full restaurant service?

7 Does the 2221 run every day? Is it a through train or does it stop at the stations on the way?
8 What services are offered on the 37 which leaves Paris-Nord at 11.56?
9 Assuming that the 2221 and the 37 travel at the same speed, for how long does the 2221 stop at Longueau?
10 Of the two possible trains to Arras on a Sunday morning, which would you choose and why?

Look at the section entitled **Services offerts dans les gares:** facilities provided at stations.

11 If you want to obtain further information about trains from Paris-Nord, what telephone number should you ring?
12 And which number should you phone to make a reservation on a train from Paris-Nord?
13 Are luggage-trolleys provided at Arras station?
14 You feel like doing some sight-seeing round Arras. Can you hire a bicycle or a car at the station?
15 Can you park at the station in Arras? at Paris-Nord?
16 Is there a café on the station at Arras?

Asking for travel information

Write down your part of the conversation, then act it out in pairs.

Vous: (Say hello. Ask when the next train leaves for Arras.)
L'employé: A onze heures cinquante-six, mademoiselle/monsieur.
Vous: (Thank him and ask how much it costs.)
L'employé: En première classe?
Vous: (Tell him you want a second class return ticket.)
L'employé: Cela vous fait 56F, mademoiselle/monsieur.
Vous: (O.K. Ask what platform it leaves from.)
L'employé: Voie numéro trois, quai numéro deux.
Vous: (Thank him very much.)
L'employé: Je vous en prie.

ACCÈS AUX QUAIS

Mix and match

Match the most likely reply (listed on the right) to each question on the left.

1 Faut-il changer?
2 De quel quai part-il?
3 A quelle heure part le train pour Nice?
4 Un billet pour Dieppe, s'il vous plaît.
5 C'est combien?
6 C'est un train direct?

a Du quai numéro 1.
b 30F, s'il vous plaît.
c Aller ou aller-retour?
d Non, c'est un train direct.
e A neuf heures trente.
f Non, il faut changer à Lyon.

9 La faïence bretonne – acheter un souvenir

Un dessin traditionnel

🌐 The local pottery

You're in Audierne in Brittany. You want to buy a present for your aunt. She'd love the local Breton pottery. Listen to the passage and say whether the following statements are true or false.

1 Les articles se vendent à la pièce.
2 Les grands bols pour le déjeuner coûtent 22F.
3 Dans les bols il n'y a que le sujet homme.
4 On voudrait acheter plusieurs bols.
5 La faïence se fait à Audierne.
6 La faïence de Quimper est très célèbre.
7 La faïence de Quimper se vend moins cher.
8 Le dessin représente un paysan qui travaille dans son champ.
9 Il fait beau temps ce jour-ci.

la faïence   pottery
des bols   bowls
des pique-fleurs   flower-holders
des mazagrans   handleless coffee mugs
à la pièce   individually
je ne me souviens plus   I've forgotten now
je n'ai plus que ...   I've only got ... left
de toute façon   in any case
emballer   to wrap up
vous avez dû entendre parler de   you must have heard of
un dessin traditionnel   a traditional design
un paysan   a peasant
un paquet-cadeau   gift-wrapping
protéger   to protect

Audierne – ville touristique

You've got your souvenirs – now for a better look round the town. What has Audierne got to offer? You check up in the **Guide Vert** – the handy Michelin tourist guide.

Consult the table and the entry for Audierne which are reproduced below and answer the questions in French:

la **location**   hiring
les **pédalos**   pedal boats
l'**équitation**   riding
la **langouste**   crayfish
le **homard**   lobster
le **pardon**   religious procession
avoir **lieu**   to take place
la **chaumière**   cottage
la **corniche**   coast

	Hôtellerie = H	Camping = C	Bureau de Tourisme = T	Médecin	Pharmacien	Site agréable	Bourg pittoresque	Port de plaisance	Port de pêche	Cinéma	Piscine	École de voile	Location de bateaux ou pédalos = L	Plongée sous-marine	Tennis	Équitation	Page du guide ou renvoi au pli de la carte Michelin n° 230
CÔTE DE L'ATLANTIQUE																	
Arradon	H	C	–	⚕	⚕	◁	◇	⚓	–	–		⚐	L	–	–	–	127
Arz (Ile d')	H	–	–	–	–	◁	–	–	–	–		⚐	–	–	–	–	127
Arzon	–	C	T	⚕	⚕	–	–	⚓	–	–		⚐	L	↯	✕	●	128
Audierne	H	–	T	⚕	⚕	◁	–	⚓	⚓	▦	–	⚐	–	↯	✕	–	47

AUDIERNE ★ – Carte Michelin n° 230 - pli 16 – *Schéma p. 75* – 3 679 h. (les Audiernais) – *Lieu de séjour, p. 38.*

Ce port de pêche est situé sur l'estuaire du Goyen, au pied d'une colline boisée, dans un joli site★. Sa plage est à 1 500 m de la localité.

Audierne se livre surtout à la pêche de la langouste et du homard, mais pratique également la pêche au thon blanc dit « germon » de juin à octobre *(détails sur la pêche p. 16)*. C'est l'activité du port qui retiendra l'attention du touriste. Un pardon a lieu le dernier dimanche d'août.

La Chaumière. — *Accès par quai Pelletan et route de la corniche en direction des plages. Visite commentée du 1er avril au 20 septembre de 9 h (10 h les dimanches et fêtes) à 20 h. Entrée : 6 F.* Intérieur breton du 17e et du 18e s. avec meubles et objets usuels de cette époque.

D'après Guide Vert Bretagne du pneu Michelin, 29ème Edition

1 A Audierne, est-ce qu'il y a
  a un terrain de camping?
  b un bureau de tourisme?
  c un pharmacien?
2 Quels sports est-ce qu'on peut pratiquer à Audierne?
3 Quelle est la différence entre
  a un site agréable et un bourg pittoresque?
  b un port de plaisance et un port de pêche?
4 Comment est-ce qu'on pourrait se divertir le soir à Audierne?
5 Qu'est-ce que c'est, le Goyen?
6 Décrivez la situation géographique d'Audierne.
7 A votre avis, pourquoi est-ce qu'on dit que c'est l'activité du port qui retiendra l'attention du touriste?
8 De quel point de vue serait-il intéressant de visiter la ville à la fin d'août?
9 Cela vous plairait-il de visiter la chaumière bretonne? Pourquoi (pas)?

Audierne port

✈ La chaumière bretonne

You decide to visit the 'chaumière bretonne' – a typical Breton house. First of all you ask for details at the tourist office. Listen to what the guide has to say and choose the correct answer.

l'habitation dwelling
crépie à la chaux white-washed
à l'intérieur inside
la cheminée fire-place
la vie quotidienne daily life
ameublement local local furnishings

1 La maison du pêcheur était
   a assez grande.
   b à deux étages.
   c très petite.

2 Elle avait
   a une pièce.
   b deux pièces.
   c trois pièces.

3 Pour se chauffer, le pêcheur
   a mettait son pull marin.
   b entrait dans un lit clos.
   c avait une grande cheminée.

D'après Guide Vert Bretagne du pneu Michelin, 29ème Edition

4 Les ameublements locaux
   a peuvent se voir au musée.
   b sont des instruments de la vie quotidienne.
   c se ferment quand on y est.

L'Ile de Sein

You see these photos advertising a boat-trip to the Ile de Sein. Read both, then answer the questions.

D'après Guide Vert Bretagne du pneu Michelin, 29ème Edition

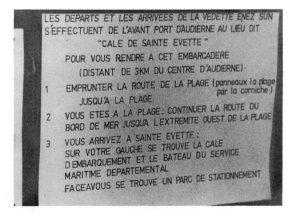

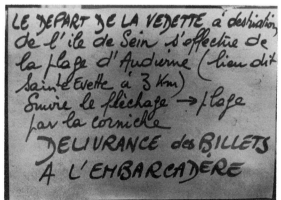

1 How far is it to the landing-stage?
2 Which road should you take to get there?
3 At which end of the beach is the landing-stage situated?

4 What should you see on your left on arriving at Sainte Evette?
5 And what is just opposite?
6 Where do you buy tickets?

Wish you were here . . .

Here are some postcards written by French teenagers to their families and friends. Read them through then fill in the clues in the puzzle below. You have to find the words which mean the same as the phrases in italics.

Horizontal

1 La plongée *sous la mer*
2 *Bonjour*
3 *Nager*
4 *Je t'embrasse*
5 *Je m'en vais*
6 *Je me divertis*

Vertical

1 des vacances *très actives*

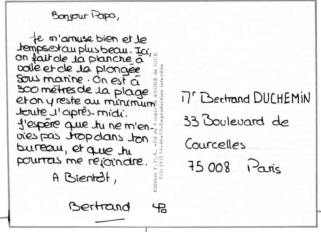

Now after your day in Audierne, write a similar postcard to your pen-friend in Paris. You can look back over the previous pages for ideas of what to include and you can use the postcards above as a model.

10 La santé

Asking for advice at the chemist's

Listen to the tape and choose the correct answer.

1 You go into the chemist's
   a with a prescription.
   b hoping they will advise you.
   c with a bad case of flu.

2 The first thing the chemist wants to know is
   a whether you've had a temperature.
   b whether you've been to the doctor.
   c whether you like pastilles.

3 She advises you
   a to consult a doctor straight away.
   b to watch that your temperature doesn't go up.
   c to have a course of injections.

4 The pastilles
   a contain codeine.
   b should be swallowed whole.
   c contain an anaesthetic and an antiseptic.

j'ai mal à la gorge   I've got a sore throat
tousser   to cough
avoir de la fièvre   to have a temperature
un sirop   cough mixture
des pastilles   lozenges
surveiller   to keep an eye on
sucer   to suck
avaler   to swallow
il faut que l'effet soit au niveau
   de ...   it should have an effect on the ...

5 The cough mixture should be taken
   a three times a day.
   b a teaspoon at a time.
   c at mealtimes.

6 How much does it come to?
   a 18,20F.
   b 10,04F.
   c 19,80F.

42

It hurts!

You've got something wrong. You say **J'ai mal à ...**

J'ai mal à l'oreille.

1

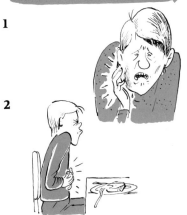
J'ai mal ...

2

3

4

5

In what circumstances would you call the telephone number given above?

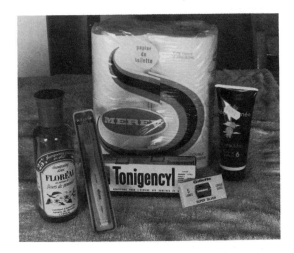

Here are some items you bought at the **droguerie**. (N.B. You buy drugs at the **pharmacie**, items like those in the photo at the **droguerie**!)
Can you unscramble the letters in the words in the shopping list you took with you?

UD EENTIRDFC
ED AL EECRM SERIALO
UD HONIMPGOAS
UD RAEPIP UYHNIEIGNQE
ESD LESEAM A SRAIOR
EUN ERSBOS A ENDTS

AEROBIC:

LA FIÈVRE DU SAMEDI MATIN

Il y a eu la Fièvre du Samedi Soir, en provenance directe des Etats-Unis. Désormais, en France, nous avons «La Fièvre du Samedi matin». Eh oui ! de la disco chaque samedi à 11h30 sur TF1. A fond les sonos ou le walkman, il vous faut être prêts pour la nouvelle gymnastique: l'aérobic. Quelles que soient vos raisons, plus personne n'aura d'excuses: de la danse chez vous, un disque spécialement enregistré à votre entière disposition ou une cassette pour les fans du walkman. Que rêver de mieux pour avoir un corps splendide et la souplesse de Travolta?

Tous et toutes qui adorent se déchaîner en boite, voici pour vous l'occasion idéale d'avoir une super forme, qui fera mourir d'envie tous vos copains. Et si l'on vous demande votre secret: répondez Marie Christine Debourse, car c'est à elle que l'on doit tout cela. D'ailleurs, les sportifs la connaissent bien: elle a été championne de France du saut en hauteur, alors pour la forme, on peut d'emblée lui faire confiance. Et maintenant pour devenir un champion de l'aérobic il vous faut suivre attentivement ces cours, rassurez-vous c'est loin d'être désagréable: fermez les yeux, vous êtes déjà en disco! La mode est au «look-bonne santé», autant en profiter!

en provenance de   coming directly from
désormais   in future
à fond   down with
quelles que soient   whatever
se déchaîner   to let one's hair down
la boîte   night-club
un(e) copain(-ine)   friend
d'ailleurs   besides
le saut en hauteur   high-jump
d'emblée   straight away
faire confiance   to trust

Read the passage opposite, then answer the questions –
indicate which sentences in the text lead you to give the
answer you do.

1 When can you watch a programme about
   aerobic gym on French TV?
2 Why does no one have any excuses for not
   taking exercise any more?
3 What sort of people are ideally suited to
   doing aerobic gym?
4 What effect will you have on your friends?
5 What is Marie Christine Debourse already
   famous for?
6 What do you have to do to become a
   champion in aerobics?
7 Why does the writer tell you not to be put
   off (*rassurez-vous . . .*)?
8 What is fashionable at the moment?

A question of style

Jot down all the words in the article which you think may
be 'franglais', i.e. taken from English. What impression
would this make on young readers, do you think?

Le yoga

Perhaps yoga might be a more relaxing way of keeping fit.
Look at the pictures, then fill in the blanks in the
instructions given below. The missing items are listed at the
side of the passage. Check any vocabulary you do not know
in the list at the back of the book.

Départ couché sur le _____. Elevation des _____, puis du
bassin, soutenu par les mains, _____ au sol. Elévation du
buste, les _____ venant se plaquer sous les omoplates. Vous ·
étes alors posé sur la nuque, les _____ et les coudes. Votre
corps est vertical, _____ pointés vers le ciel.

jambes
épaules
orteils
dos
mains
coudes

11 Le cinéma

What's on?

Read questions 1–3, then listen to the passage carefully for the answers.

1 Why does the manager call it an old-fashioned sort of cinema?
2 What films are being shown? Give as many details as you can of what they're about.
3 At what times are the films being shown?

Listen again and write down the French equivalents of these useful phrases:

4 What films are showing this afternoon?
5 What is it about?
6 What time does the next showing start?
7 And the show finishes at . . . ?

au Lac des Requins at Shark Lake
un dessin animé a cartoon
de long métrage a full-length film
très côté very fashionable
en version originale in the original (i.e. undubbed) version
sous-titrée with subtitles
la séance showing
tiré de based on
qui a disparu who died
le spectacle show

Here are some more details about the film **Effraction**. Read the brochure and answer the questions:

> Dans un aéroport, une jeune femme, Kristine **Marlène Jobert**, revenant de voyage rencontre un chercheur, Pierre **Bruno Cremer**, seul comme elle.
> Coup de foudre, suivi immédiatement d'un coup du destin. Car, sur le chemin de l'amour naissant, dramatiquement, violemment, le couple se trouve dans la trajectoire d'un tueur fou, Val **Jacques Villeret**

un chercheur research worker
un coup de foudre love at first sight
un coup du destin a stroke of bad luck
naissant being born, just beginning
la trajectoire path
le tueur killer

1 Ce film est
  a un dessin animé.
  b une comédie dramatique.
  c un drame policier.

2 Les acteurs principaux sont
  a un homme et deux femmes.
  b deux hommes et une femme.
  c trois hommes.

3 Le film est à propos
  a d'un couple qui ne s'aime plus.
  b d'un homme marié.
  c d'un assassin.

4 Kristine et Pierre se rencontrent
  a à la gare.
  b sur le chemin.
  c au retour d'un voyage.

Here is the advertisement for the film **La Maison du Lac** which appears in the cinema's **Films Classiques** series. Based on the information you have gathered about the films, write a similar advertisement for either **Tintin au Lac des Requins** or **Effraction**.

La maison du lac

1981. 1 h. 50. Comédie dramatique américaine en couleurs de Mark Rydell avec Henri Fonda, Katharine Hepburn, Jane Fonda, Doug McKeon, Dabney Coleman.
Un vieux couple passe son 48e été dans leur maison de vacances. Une évocation tchekovienne de la famille et de ses charmes. Double oscar d'interprétation 1981 à Hollywood.

CINÉMA "ODET-PALACE"
6, rue Ste-Catherine - QUIMPER - tél. 90.05.57

Tous les VENDREDI, SAMEDI, DIMANCHE à 18 h. 15
Le LUNDI à 20 h.

FILMS CLASSIQUES
VERSION ORIGINALE SOUS-TITRÉE

Séance de 18 h. 15 - Prix des places : 22 F.
Carte de vermeil - Famille nombreuse - Moins de 18 ans
Etudiants - Chômeurs (sur présentation d'une pièce justificative) : 15 F.

Do you come here often?

1 Anne-Marie is compiling a survey – **un sondage** – of young people's film-going habits. First she asks Olivier. Copy out the survey sheet below:

Questions	Réponses	Nom de la personne interrogée		
1 Tu vas souvent au cinéma? 2 Quel genre de film préfères-tu? 3 Quel film as-tu vu récemment? 4 Tu l'as aimé? 5 Tu vas le revoir? 6 Qu'est-ce que tu aimerais voir?	Une fois par an/mois/ semaine. Comédie/guerre/ épouvante/dessin animé/ policier/western. (Nom du film) Oui/Non. Oui/Non/Peut-être. (Nom du film ou du metteur en scène)	Olivier	......	......

épouvante horror
guerre war
policier thriller
le metteur en scène director

2 Now listen to the passage in which Anne-Marie asks Olivier the questions. Fill in the answers to the questions on your survey sheet in the column marked **Olivier**.

les films d'anticipation suspense films
un extra-terrestre extra-terrestrial
recueilli picked up
se lie d'amitié makes friends with

3 It's your turn to make a survey now – about the film-going habits of your friends. Fill in the names of two or three people in the class at the top of the remaining columns in your survey sheet. Ask them all the questions and fill in their replies, as they answer.

4 Write a short essay – maximum 100 words – in which you talk about your film preferences. You can use your answers to the six questions in the survey as the basis for your essay. In addition, after question 3, see if you can write a couple of lines in answer to the question, **'De quoi s'agit-il?'**

🌐 Making a date

How do you ask a friend out to the cinema? Listen to François and Cécile and answer the questions.

1 François asks Cécile if she would like to go to the cinema
  a tonight.
  b tomorrow night.
  c this afternoon.

2 Cécile replies
  a that she'd like to go if her parents agree.
  b that her parents won't agree.
  c that she's not very sure.

3 She asks
  a what he's talking about.
  b what the film is about.
  c what language they speak in.

4 François
  a doesn't seem to know much about it.
  b gives details of the plot of the film.
  c doesn't know what E.T. stands for.

5 Next, Cécile wants to know
  a who the actors are.
  b exactly what the film is about.
  c who's going.

6 François says
  a there'll be a few of his mates there – no girls.
  b there'll be a gang of about ten people.
  c she can ask her best friend to come along.

ça te plairait de ...? would you like to ...?
ça parle de quoi, ça? what's it about?
copines } friends, mates *(girl)*
copains } *(boys)*
d'accord all right, O.K.

7 The showing is at
  a half past four.
  b half past six.
  c seven thirty.

8 Cécile replies that
  a she has to wash her hair.
  b she doesn't really want to go.
  c she must ask her parents.

9 They arrange
  a that Cécile will phone François.
  b that François will phone Cécile.
  c to get in touch that evening.

Listen to the tape again and write down these key phrases:

1 how you'd ask someone if they'd like to do something.
2 how you'd say you'd very much like to go.
3 how you'd ask what the film's about.
4 how you'd ask who was going.
5 how you'd ask them to telephone tomorrow so you can arrange things.
6 how you'd say 'OK'.

Now act out the situation in pairs, one person taking A's part and the other B's part.

A: (Ask if he/she would like to go and see _____ [name a film of your choice] tomorrow.)
B: (Say you'd love to go and ask what it's about.)
A: (Tell him/her what it's about.)
B: (Ask who's going.)
A: (Say several class-mates are going.)
B: (Ask what time it's at.)
A: (Say the 7.30 showing.)
B: (Say good. Tell him/her to phone you tomorrow.)
A: (Say O.K.)

De quoi s'agit-il?

You've been asked to write a short description of the film 'E.T.' for inclusion in your French friend's school magazine. We've given you a hand! Copy out the passage, filling in the blanks with words taken from the list given opposite.

film
d'ailleurs
véritable
dix
moment

millions
jouet
parmi
abandonné
enfant

Mon copain extra-terrestre

E.T. est un petit personnage venu _____. Exactement trois _____ d'années-lumière. _____ sur la terre par les siens, il est protégé par un petit garçon de _____ ans. Ce nouveau petit nounours que l'on va retrouver en _____ dans les lits de milliers d'enfants rêveurs, est devenu une _____ vedette. Le _____ de Steven Spielberg est un nouveau conte de fées dont l'histoire aura sa place, plus tard, _____ les Chats Bottés et autres Cendrillons. La rencontre avec E.T., l'Extra-Terrestre, est un très bon _____ de cinéma. A condition d'avoir gardé une âme de grand _____. Ce que je souhaite à tous.

d'ailleurs *here:* from another planet
le jouet toy
véritable real
parmi amongst
années-lumière light years
nounours teddy-bear
rêveurs dreaming
une vedette star
un conte de fées fairy story
Chat Botté Puss-in-Boots
Cendrillon Cinderella
la rencontre encounter, meeting
à condition de on condition
une âme soul
souhaiter to wish

Getting your lines crossed

Jacques is talking to Marie-Claude but the conversation gets hopelessly muddled! Write down the sentences in the correct order in dialogue form. Begin with Jacques' invitation.

1 En version originale?
2 Oui, ça dure à peu près une heure et demie.
3 Qu'est-ce qu'on donne aujourd'hui?
4 Je ne sais pas trop. C'est un film américain.
5 D'accord.
6 Bon. Si on se donnait rendez-vous devant le lycée?
7 Ça te plairait d'aller au cinéma?

8 Oui, c'est ça.
9 La séance de dix-huit heures quinze.
10 Oui, mais sous-titrée en français.
11 Oh, il y a un dessin animé.
12 A seize heures.
13 Le spectacle termine donc à dix-neuf heures quarante-cinq.
14 Est-ce que c'est un film à long métrage?
15 Et c'est à quelle heure?
16 De quoi s'agit-il?

menu du 17 - 9

Céleri rémoulade	5,00	Saucisson sec beurre	4,50
Salade de betterave	5,00	Pâté du Quercy	5,00
Salade de tomate	5,50	Filet de hareng	5,00
Cervelas vinaigrette	6,00	Boîte de thon	8,00
Rillettes	2,50	Pâté de lièvre à l'armagnac	13,00

Truite Meunière — 19,00
Maquereau vin blanc au four — 18,00
Épaule d'agneau purée — 20,00
Pintade rôtie -petits pois — 22,00
Lapin chasseur — 20,00
Tripes à la provençale — 16,00
Faux-filet purée — 22,00
Steak de cheval -purée — 17,00
Côte de porc lentilles — 16,00

Légumes 4,50 (lentilles — spaghetti — purée -
petits pois - pommes à l'anglaise) - Salade 5,00

Fromages 5,00 - avec beurre 5,50 (Bleu -
Cantal - Camembert - Coulommiers)
Fromage blanc 5,50 - Yaourt 5,00

Banane 4,00 - Orange 4,00 - Pomme 4,00
Noix 5,50 - Mendiant 4,50 - Confiture 4,00
Gâteaux secs 4,00 - Plum 6,50 - Savarin 6,50
Crème de marrons 4,00 - à la crème 4,50
Tarte aux pommes maison 6,50
Compote de pommes maison 4,50

¼ Côtes du Rhône 6,00		Eaux Minérales -	Café 2,50
¼ Rouge	3,00	¼ Vichy 3,50	Infusion 3,50
¼ Blanc	3,10	¼ Vittel 3,50	
Service 12%	-	Serviette 1,00	

Ordering a meal

On the opposite page you can see the sort of menu you would find in a typical French restaurant. First see if you can find the following dishes on the menu. (You can look up words you are not sure of in the vocabulary list at the back of the book.)

Pork chop with lentils
Rabbit in wine sauce
Beetroot salad
Sirloin steak with mashed potatoes
Home-made apple-pie
Shoulder of lamb with mashed potatoes
Herring fillet

Baked mackerel in white wine
Nuts
Chestnut purée
Roast guinea-fowl with peas
Trout in a lemon sauce
Hare pâté with armagnac

See if *you* can order a meal! Write down your part first, referring to the menu, then act out the conversation in pairs.

La serveuse: Messieurs-dames, vous désirez?
    Vous: (Say you'd like a tomato salad and a Quercy pâté, please.)
La serveuse: Oui. Et le plat principal?
    Vous: (A roast guinea-fowl with peas and a sirloin steak.)
La serveuse: Vous voulez le steak saignant, à point, bien cuit?
    Vous: (Well done, please.)
La serveuse: Et à boire?
    Vous: (The house red wine and some mineral water, please.)
La serveuse: D'accord.
Plus tard
La serveuse: Vous prenez un dessert?
    Vous: (Say yes, you'd like a chestnut purée.)
La serveuse: A la crème?
    Vous: (No, without cream. And a home-made apple-tart and two coffees, please.)
La serveuse: Merci, monsieur/mademoiselle.

La note, s'il vous plaît

Here is your bill.
The waitress has made *six* mistakes! See if you can find them.

Bedhet Valette

2 ¼ vin   6,00
1 tomate   5,50
1 Cervelas   6,00
1 lapin   20,00
1 pintade   22,00
1 bleu   5,50
1 marron crème 4,50
2 café   5,00
               ────
               74,50
Service   9,00
               ────
               83,50

⊙ Eating habits

Listen to the passage and choose the correct answer. Write down the words which told you which alternative was correct.

1 Le matin en France on prend en général
  a du café.
  b du thé.
  c du chocolat.

2 Les croissants se mangent
  a tous les matins.
  b si on est paresseux.
  c si on a le temps.

3 Patricia croit que les Français.
  a sont moins pressés que les Anglais.
  b prennent leur temps pour prendre le petit déjeuner.
  c mangent très vite le matin.

4 Un hors d'œuvres, c'est plutôt
  a des concombres.
  b steak-frites.
  c du fromage.

5 Steak-frites
  a est souvent le plat de résistance.
  b est un petit plat.
  c ne se mange que rarement.

6 Le soir
  a on ne mange que de la soupe.
  b on fait un repas d'haricots verts.
  c on mange encore une fois de la viande.

7 Selon Patricia, les Français mangent
  a moins de légumes que les gens d'autres pays.
  b plus de légumes que les gens d'autres pays.
  c autant de légumes que les gens d'autres pays.

8 On mange de la pâtisserie
  a tous les soirs.
  b l'après-midi.
  c surtout le dimanche.

une tartine de pain   a slice of bread and butter
baguette fraîche   fresh French bread
soit ... soit ...   either ... or ...
paresseux   lazy
avaler   to gulp down
à toute allure   at top speed
des carottes râpées   grated carrots
concombres   cucumbers
le plat de résistance   main dish
steak-frites   steak and chips
même chose   same thing
des haricots verts   green beans
c'est-à-dire   that is to say
gourmand   greedy

Essay

You've been asked what English people's eating habits are like. Listen to the passage about **Eating habits** once again and on the same lines describe **Les repas en Angleterre**. These phrases may help you:

un petit déjeuner assez solide – des œufs sur le plat – du lard – le toast – de la confiture à l'orange.
Soit à midi, soit le soir, un repas plus léger – sandwich au fromage/jambon – fruits.
Le repas le plus fort – soupe – plat de résistance – viande rôtie – légumes – dessert: tartes – crème anglaise (*custard!*) – du fromage.

Cafés and bars

You're looking for a snack and you see these signs outside cafés. Study them carefully and answer the questions.

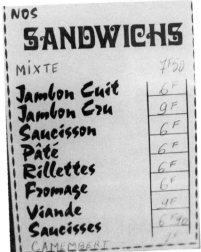

1 How would you ask for:
   a a cheese sandwich?
   b a ham sandwich?
   c a meat sandwich?

2 What is the difference between
   a **jambon cuit** and **jambon cru**?
   b **saucisson** and **saucisses**?

3 Find the French for:
   a a type of toasted sandwich.
   b cold drinks.
   c sausage and chips.
   d a spicy sausage.

4 How would you ask for?
   a a vanilla ice cream?
   b a strawberry ice cream?
   c a chocolate ice cream?

5 What do you think the words **chantilly** and **boules** mean?

Odd one out

Write down the word which does not fit in with the others and give a reason why.

Exemple: croissant – café au lait – soupe – confiture
Réponse: La soupe – parce que cela ne se mange pas à l'heure du petit déjeuner.

1 tarte aux pommes – pâté de campagne – glace – crème de marron
2 noix – orange – fromage – concombres
3 eau minérale – vin rouge – bière – armagnac
4 confiture – croissant – tartine – baguette
5 haricots verts – carottes – petits pois – tomates
6 steak-frites – lapin chasseur – saucisson sec – pintade rôtie
7 faux-filet – truite – filet de hareng – maquereau

13 Les vêtements

You buy a typical Breton fisherman's sweater in pure wool. You're not sure whether you can put it in the washing-machine so you consult the Woolmark guide.

L'entretien des produits Woolmark en pure laine vierge.

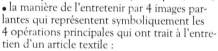

Pour connaître le mode d'entretien d'un article Woolmark, il suffit de lire attentivement la vignette cousue à l'intérieur de cet article.

Cette vignette indique toujours :
• la composition de l'article,
• la manière de l'entretenir par 4 images parlantes qui représentent symboliquement les 4 opérations principales qui ont trait à l'entretien d'un article textile :

 Un cuvier symbolise le lavage (cuvette, lessiveuse, machine à laver, etc.).

 Un triangle : l'utilisation possible de l'eau de javel (chlore).

 Un fer à repasser : le repassage • 110 °C •• 150 °C ••• 200 °C.

 Un cercle avec un P : le nettoyage à sec ou le détachage ménager selon les processus normaux (perchloréthylène).

 Tout symbole barré d'une croix de St-André signifie : traitement interdit.

1 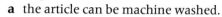 This symbol shows whether
a the article can be machine washed.
b it should be dry-cleaned.
c it can be ironed.

2 This triangle means that the article
a must be washed by hand.
b can be tumble-dried.
c can be bleached.

3 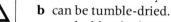 This iron symbol indicates that the article should be ironed at
a 110°C.
b 150°C.
c 200°C.

4 shows that
a you can park outside the sweater shop.
b the article must be pressed.
c the article must be dry-cleaned.

5 means that
a you mustn't use bleach.
b the article can't be cleaned in any way.
c it shouldn't be machine-washed.

l'entretien upkeep, care
la vignette label
un cuvier wash-tub
une cuvette wash-basin
une lessiveuse washing-machine
l'eau de javel bleach
un fer à repasser iron
le nettoyage à sec dry-cleaning
le détachage ménager home stain-removal

Now look at the label from your sweater and answer the questions below in English:

6 If you buy a sweater with the Woolmark label, what guarantee have you got of good quality?

7 What is the definition of **laine vierge**?

8 What particular quality controls are applied?

9 How should you wash the sweater?

10 What is special about a 'Breizlen' sweater?

LE CONTRÔLE DE QUALITÉ
WOOLMARK

PURE NEW WOOL
REINE SCHURWOLLE
ZUIVER SCHEERWOL
PURA LANA VERGINE

Le label Woolmark certifie que cet article est fait de pure laine vierge et que ses qualités d'usage ont été contrôlées conformément aux normes du Secrétariat International de la Laine.

Laine vierge : celle qui provient, directement de la toison de l'animal.

Qualités contrôlées : La Woolmark contrôle la qualité de fabrication et les performances de l'article. En particulier résistance à l'usure et au boulochage, solidité des coutures et des coloris.

Entretien : Lavage à la main : 30°C maxi. Pas de prétrempage. Sécher à plat.

Une vignette Woolmark doit être obligatoirement cousue sur l'article.

Secrétariat International de la Laine 23/25 Avenue de Neuilly, 75116 Paris

Breizlen : Cet article a été tricoté en Bretagne dans la tradition des authentiques chandails marins.
Il est conçu pour présenter des qualités de confort et d'usage irréprochables.

provenir   to come from
la toison   fleece
l'usure   wear
le boulochage   felting (of wool)
des coutures   seams
le prétrempage   pre-soaking
à plat   flat

Je ne connais pas les tailles françaises!
Work out your size from the grid below.

	Femmes					
Tailles anglaises	32	34	36	38	40	42
Tailles françaises	38	40	42	44	46	48
	Hommes					
Tailles anglaises	36	38	40	42	44	46
Tailles françaises	46	48	50	52	54	56

CONTROLE WOOLMARK

PURE **LAINE** VIERGE

Breizlen
vrai chandail
breton

lavable

Buying a T-shirt

Listen to the passage and answer the questions. You may need to rewind to find the answers.

1 In what material was the first T-shirt offered?
2 Was it pre-shrunk?
3 Was the second model in a lighter material?
4 What do you think **rétrécit au lavage** means?
5 What is the model in pure wool like?
6 Which model was decided on and why?
7 Was the first T-shirt the right size?
8 How much were the two T-shirts?
9 Is the T-shirt chosen machine-washable?
10 Does the colour run?

Listen to the passage once more and jot down the French equivalent for the following useful phrases:

11 I don't know French sizes very well.
12 Could you take my measurements?
13 You can try it on.
14 Can one put it in the washing-machine?

Now *you* do the buying.
Write down your part in the conversation, then act it out in pairs:

Vous: (Say you'd like a pair of trousers, please.)
L'employé: Oui. En coton? En laine?
Vous: (Say you'd like cotton.)
L'employé: De quelle taille?
Vous: (Say you don't know French sizes very well and ask if he could take your measurements.)
L'employé: Vous pouvez l'essayer aussi.
Vous: (Oh yes, of course.)
L'employé: Voici une taille 42 et une taille 44.
Vous: (Thank him. Ask where the changing room — **la cabine d'essayage** – is.)
L'employé: Par ici, monsieur/mademoiselle.
Vous: (Thank him again.)

Plus tard
Vous: (Say you'll take this one, please. Ask how much it is.)
L'employé: Celui-là vous fait 205F.
Vous: (Say fine, here is 250F.)
L'employé: 205, 210, 230 et 250. Merci, monsieur/mademoiselle.
Vous: (Thank him and say goodbye.)
L'employé: Je vous en prie. Au revoir.

rétrécir to shrink
léger light
une taille one size
la laine wool
épais thick
essayer to try on
un peu étroit a bit tight
une taille au-dessus a size bigger
ce n'est pas tellement à conseiller it's not really advisable

56

What do you think **soldes** and **rabais** mean?

And what is this shop offering?

That's the one!

You want to buy the one over there. Write down the answers to the shop assistant's questions like this:

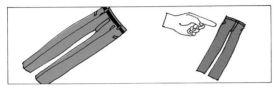

L'employé: Alors, c'est ce pantalon-ci que vous voulez?

Vous: Non, je prends celui-là, s'il vous plaît.

1

Alors, c'est ces lunettes-ci que vous voulez?
Non, ...

2

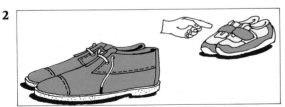

Alors, c'est ces chaussures-ci que vous voulez?
Non, ...

3

Alors, c'est ce pull-ci que vous voulez?
Non, ...

4

Alors, c'est ces gants-ci que vous voulez?
Non, ...

5

Alors, c'est cette chemise-ci que vous voulez?
Non, ...

Word-square

How many garments can you find hidden in this square? Write down as many words as you can.

X	D	C	H	E	M	I	S	E	F
E	P	H	S	G	A	N	T	S	V
T	K	A	A	P	N	T	U	L	E
T	L	U	N	E	T	T	E	S	S
E	S	S	D	T	E	L	M	P	T
P	H	S	A	S	A	B	I	S	E
O	O	U	L	H	U	L	L	U	P
L	R	R	E	I	S	T	O	R	U
A	T	E	S	R	O	B	E	N	J
S	S	S	E	T	A	V	A	R	C

14 Les sports nautiques

Wind-surfing – la planche à voile

Listen to the passage on the tape and choose the correct answer.

1 After three days a young person
 a is an expert wind-surfer.
 b can just about manage to wind-surf.
 c will give up.

2 The main problem is
 a the cold.
 b the weight of the sail.
 c getting your balance.

3 Adults
 a learn quicker than children.
 b are frightened of being laughed at.
 c don't mind falling in.

4 Young children have the disadvantage of being
 a shorter.
 b lighter and less strong.
 c over-confident.

5 They are given special boards which are
 a smaller and lighter.
 b toys.
 c designed to catch more wind.

And what should you wear?

6 The club provides
 a wet-suits.
 b jeans.
 c boots.

7 Boots are required for
 a wind-surfing.
 b canoeing.
 c sailing.

8 If you don't want to freeze in a canoe, you should wear
 a cotton.
 b wool.
 c shoes.

9 The club asks parents to provide
 a plenty of fashionable clothes.
 b enough warm clothing.
 c clothes which are the right size.

10 You need a waterproof garment because
 a it rains a lot.
 b you'll probably get splashed.
 c you're bound to fall in.

11 You have to provide your own
 a paddles.
 b life-jacket.
 c sweaters, trousers, etc.

fonction d'individu   it depends on the person
un problème d'équilibre   a question of balance
au bout de   at the end of
ils se débrouillent   they manage
puisque   since, because
par peur de   through fear of
la fierté   pride
mise en cause   brought into play
les voiles   sails
le gilet de sauvetage   life-jacket
fourni   supplied
la combinaison   wet-suit
la laine   wool
mouillée   wet
glacial   freezing
démodés   old-fashioned
nu-pieds   bare feet
des inconvénients   drawbacks
sécher   to dry
flibustier   piratical
un kway   kagul
imperméable   water-proof
s'arroser   to sprinkle/soak themselves
les pagayes   paddles
autres que   other than

On the beach

You see these signs:

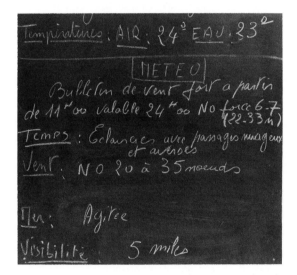

Answer these questions in English:

1 The three arrows indicate how safe it is to bathe. The colours are not reproduced here but you can tell there are three different categories of beach. What are they?
2 What do you think the **engins de sauvetage** and the **poste de secours** are? Where are they?
3 When might you have to telephone the number given at the bottom of the sign?
4 Can you take the family dog out on his lead here?

Answer these questions in French:

1 Qu'est-ce qu'on peut faire ici?
2 Pouvez-vous imaginer ce que c'est qu'un dériveur?
3 Quel temps fait-il aujourd'hui?
4 Cela vous plairait-il de faire de la planche à voile de ce temps-là? Pourquoi (pas)?
5 La mer, est-elle calme?
6 La visibilité, est-elle bonne?

LE CENTRE NAUTIQUE
DEPARTEMENTAL
DE TREBOUL

Situé à l'extrémité de la Bretagne, dans la baie de DOUARNENEZ, plan d'eau très bien protégé, le Centre Nautique installé dans des locaux neufs et confortables, peut accueillir une centaine de stagiaires, logés en chambre de 4 à 10 lits. TREBOUL est un centre nautique où la pratique de la voile constitue l'essentiel de l'activité, mais il est possible de pratiquer, la pêche, le canoë, et de découvrir les aspects variés du milieu marin, à l'occasion des randonnées, pique-niques et sorties de la journée.

Chacun participe à l'entretien de son bateau et aux services de la vie collective.

L'encadrement est assuré par une équipe de moniteurs qualifiés (C.A.E.V.) et de permanents.

A0 - INITIATION : apprentissage de la manœuvre d'un dériveur - godille - matelotage - entretien - sécurité (2 semaines).

A1 - PERFECTIONNEMENT : technique du dériveur - apprentissage du spinnaker et du trapèze (2 semaines).

A2 - VOILE SPORTIVE : pratique intensive de la voile sportive sur dériveurs en double et solitaire (2 semaines).

JEUNES EXTERNAT

(13 - 15 ans) - stages plein temps.

J1 - INITIATION - apprentissage de la manœuvre d'un dériveur - godille - matelotage (1 semaine).

J2 - PERFECTIONNEMENT - technique - apprentissage du trapèze et du spinnaker (1 semaine).

JP - INITIATION PLANCHE A VOILE sur planche magnum 300 (1 semaine). Stages à mi-temps.

JEUNES INTERNAT

CV - CENTRE DE VACANCES en internat pour jeunes de 10 à 14 ans (2 semaines).

Le CNDT, bénéficiant d'une longue expérience des séjours d'accueil de jeunes (classes de mer, camp de jeunes, etc...), vous propose en juillet uniquement un séjour avec accueil mixte en internat réservé aux 10 à 14 ans.

Ce séjour sera orienté vers les activités de plein air à caractère nautique :

• voile sur dériveur
• planche à voile
• randonnée nautique (3 ou 4 jours) avec camping
• découverte du milieu marin
• pratique de la pêche, visite de bateau, criée, etc...
• découverte géographique (randonnée pédestre et à vélo).

accueillir   to take in, welcome
stagiaires   people enrolled on courses

la pêche   fishing
des randonnées   rambles

l'entretien   maintenance, upkeep

l'encadrement   supervision
des permanents   supervisors

initiation   beginners' course
sécurité   safety

perfectionnement   advanced course
le dériveur   storm-spanker (*type of boat*)

externat   living out

le stage   course

godille   sculling
matelotage   seamanship
internat   living in

Off to sea

You're thinking of going on a sailing holiday. Consult the leaflet on the opposite page for information, then decide whether the statements below are *true* or *false*. Write down the sentence which tells you.

1 The Centre Nautique de Tréboul can accommodate about 100 people.
2 You have a room to yourself.
3 The centre does not cater for activities other than sailing.
4 You will be expected to help out in the day-to-day running of the centre.
5 You are expected to behave as responsible adults – no supervision is provided.
6 On course A0 you learn about basic seamanship as well as how to sail.
7 On A2 you're off sailing entirely on your own all the time.
8 On the course J1 you would have accommodation at the centre.
9 J2 is a more advanced sailing course.
10 JP is an advanced wind-surfing course.

Look at the section entitled **Jeunes Internat** and answer the questions in French:

1 Quand est-ce qu'on peut passer un séjour en internat au Centre Nautique?
2 Quel âge faut-il avoir?
3 Est-ce que c'est réservé aux garçons ou est-ce que les jeunes filles peuvent y aller aussi?
4 Quels types de bateaux utilise-t-on?
5 Que faites-vous si vous participez dans une «randonnée nautique»?
6 Des activités proposées – la pratique de la pêche, la découverte géographique – laquelle préférez-vous? Pourquoi?

Copy out the registration form for the course given below, filling it in with the appropriate details – you will have to refer back to the leaflet to decide which course is for you!

DEMANDE D'ADHESION ET
D'INSCRIPTION AU STAGE
NOM
PRENOMS
NE LE
ADRESSE
CODE POSTAL   VILLE :
TEL. DOM.   BUR.
ETUDES OU PROFESSION
ACCUEIL :   Externat - 1/2 pension - Internat
VOYAGE SNCF (Tarif réduit)   OUI - NON
Comment avez-vous connu le C.N.D.T. :
(REMPLIR UN BULLETIN PAR STAGE)
EXPERIENCE NAUTIQUE
(A remplir avec soins, afin de nous permettre une meilleure préparation du stage.
NOM :   PRENOM :
ECOLE, TYPE ET DUREE DES STAGES EFFECTUES

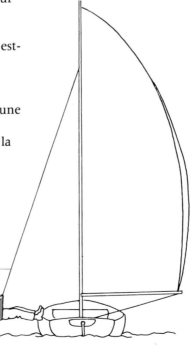

trapèze

15 Gîtes ruraux de France

⊕ Holiday accommodation

Listen to the passage on the tape and answer the questions as fully as you can in English.

1 What were the buildings used for before being turned into a holiday home?
2 What was the building like when Mme Guinle was first married?
3 Why had they no use for it as a granary?
4 When did they start work on it?
5 And when was it first used?
6 What rooms does it have?
7 How many people can it hold?
8 Why, in Mme Guinle's opinion, do people like going to a gîte?
9 What do the **accueil rural** check for you?
10 Why did the **accueil rural** take away a star from one of the gîtes?
11 What does Mme Guinle mean when she says 'Le label gîte, c'est le label qualité'?

un gîte holiday home
une grange barn
Pen Ty (Breton word for) farm labourer's cottage
en mauvais état in bad condition
les ardoises slates
pourri rotten
propres clean
l'élevage rearing
contrôler to check
une équipe team
l'accueil rural body which organizes rural holidays
la literie bedding
les matelas mattresses
enlever to take away
un épi star
des réclamations complaints
tapisserie wall-papering
le ménage housework
à fond thoroughly
le label trade-name

Booking a gîte

When you're choosing a gîte, you check through the list of gîtes provided by the **accueil rural** of the département you're going to. Here is the entry for Mme Guinle's gîte. Read the information, consulting the key below for abbreviations when necessary, and choose the correct answer.

```
- POULDREUZIC, 24 km O de Quimper - "Logan" 1 km  (2 épis)
N° 6.73.439. - Maison indépendante située
dans un ensemble de bâtiments et sur une
exploitation agricole - Séjour avec coin
cuisine, salle d'eau. Terrain.
Mer/Plage 4 km. Voile 15 km. Pêche 4 km.
Piscine 15 km. Equitation 15 km. Tennis
1 km. Loc. vélos 1 km.
    5 PERSONNES - 2 CHAMBRES
       3 lits 1 place, 1 lit 2 places.
PRIX : Jn/Sp/Vs Juillet   Août      H.S.
         590       1010    1010      538
✱ Propriétaire : ★ GUINLE Bernadette
   Service de Réservation ACCUEIL RURAL
```

Key
O: Ouest
1 épi: gîte simple, confortable
2 épis: gîte de bon confort
3 épis: gîte de très bon confort
Jn: juin
Sp: septembre
Vs: vacances scolaires
HS: hors saison en dehors des périodes précédentes et de juillet–août.

1 The gîte is situated to the
  a East of Quimper.
  b West of Quimper.
  c North of Quimper.

2 'Logan' is
  a the name of the nearest town.
  b the name of the house.
  c the name of the owner.

3 The gîte offers
   a luxury accommodation.
   b basic accommodation.
   c good, comfortable accommodation.

4 The house is
   a miles from the nearest village.
   b far from any other buildings.
   c on a farm.

5 The kitchen is
   a in a corner of the living-room.
   b immense.
   c in the farmhouse itself.

6 15km away is the nearest place for
   a fishing.
   b horse-riding.
   c hiring bicycles.

7 The gîte
   a has three bedrooms.
   b sleeps five.
   c has five beds.

8 It costs less to rent the gîte
   a in July.
   b in September.
   c in May.

Allô!

You decide to phone Mme Guinle to reserve the gîte. Write down your part of the conversation, then act it out in pairs.

      Vous: (Say hello and ask if Mme Guinle is there.)
Mme Guinle: Mme Guinle à l'appareil.
      Vous: (Say who you are and that you'd like to reserve a gîte.)
Mme Guinle: Oui. Bien sûr. De quelle date à quelle date?
      Vous: (Say from the 1st to the 15th of April and ask if the gîte is free.)
Mme Guinle: Oui, il est libre à cette époque-là.
      Vous: (Say that's good and that you'll write to give all the details.)
Mme Guinle: D'accord. J'attends votre lettre.
      Vous: (Thank her very much and say goodbye.)
Mme Guinle: C'est moi qui vous remercie. Au revoir.

1983

tourisme vert

locations de vacances en espace rural

BRETAGNE FINISTERE

Sous la belle étoile

You decide to go camping in the Loire valley.
You've found a campsite at the village of Saint-Lauren-Nouan. When you go to check in, you are given this card:

List the attractions of the campsite . . .

... and the sorts of shops there are in the village.

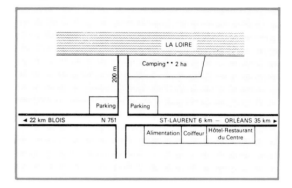

The South

On down to the Pyrenees. You stop at the thermal station Salies-du-Salat and check into the campsite where you see these signs:

1 What is a **camping municipal**, do you think?
2 Where should you go for more information? When?
3 You're not sure whether to stay. Can you park here while you look around?

4 Can you get to the tennis court this way?
5 What should you do after you've driven into the campsite?
6 Where are you *not* allowed to park?

To the woods!

You're camping in a big forest. It's been a dry summer. You pick up this leaflet. Jot down the main points in English.

les reboisements   reafforestation
acceuillant   welcoming
les déchets   litter
incandescents   inflammable
débroussailler   to clear ground

LES COMMANDEMENTS DE LA FORET

1. La Forêt est vulnérable
Ne mutilez pas les végétaux. Ne quittez pas les chemins et les sentiers.

2. La forêt est fragile
Ne détruisez pas les jeunes plants. Respectez les reboisements.

3. La forêt est inflammable
Soyez très prudents. Ne fumez pas. N'allumez pas de feu.

4. La forêt doit rester accueillante
Respectez le silence. N'abandonnez pas de déchets.

Should you or shouldn't you?

The rules below have got muddled up – some are correct, some aren't. Rewrite the list so that it makes sense, adding or taking away **ne pas** as necessary.

> ### REGLES ELEMENTAIRES DE PRUDENCE EN FORET:
>
> Faire de feu
> Ne pas fumer
> Jeter d'objets incandescents
> Ne pas maintenir les bois propres
> Abandonner des déchets
> Débroussailler autour des maisons
>
> ### EN CAS D'INCENDIE, NE PAS ALERTER IMMEDIATEMENT LES SAUVETEURS
>
> ### POMPIERS TELEPHONE Nº 18

Essay

Write a short passage in French entitled **Les vacances rurales** in which you say whether you'd prefer a gîte holiday or a camping holiday and why.

16 La mode

A teenager's view of fashion

Listen to the conversation between two teenagers, Jacques and Françoise, and answer the questions in French.

1 Françoise, s'intéresse-t-elle beaucoup à la mode?
2 Qu'est-ce qu'on porte pour être dans le vent selon Françoise?
3 Françoise, préfère-t-elle la mode «punk» ou la mode «funky»?
4 Qu'est-ce qu'elle dit au sujet de la mode «funky»?
5 Quand elle va en boîte ou elle fait des boums, que porte-t-elle?
6 Est-ce qu'elle est d'accord que les Françaises se préoccupent beaucoup de la façon dont elle sont habillées?
7 Est-ce qu'elle aimerait porter des habits très élégants?
8 Est-ce qu'elle a une idée très fixe de ce qu'elle aimerait voir comme mode?

de loin, pas vraiment not very closely
la dominance, c'est... mostly people wear
la (mini-) jupe (mini-) skirt
tu vas quelquefois en boîte sometimes you go to a disco/nightclub
les habits de tous les jours everyday clothes
un jean jeans
les baskets trainers
les tennis tennis shoes
tu fais des boums you have parties
se préoccuper to worry about
c'est-à-dire that is to say
beaucoup trop far too much
tu te vois très bien you think you look all right

⊘ Classic French elegance

You're a reporter. You've gone to interview Mme Héry, the head of a dance school in Paris, on her views on fashion. Listen to what she has to say and jot down some notes in English in answer to the questions below:

1 Does Mme Héry dress according to the latest fashions?
2 What sort of style does she think suits her?
3 What do you think **un point de petite fantaisie** is?
4 Does she think she can dress in an 'ultra-modern' and 'eccentric' way?
5 What sort of things do people in artistic circles wear?
6 Why doesn't she wear those sort of clothes?
7 What does she say about clothes which don't suit her?

Now, listen once again and then write the newspaper article by filling in the blanks in the summary below:

Mme Héry, tout en s'intéressant à la mode, reste dans
_____ . Elle a expliqué qu'elle ne s'habillait pas par rapport
_____ mais par rapport _____ . Comme elle le dit:
«On ne peut pas mettre _____ sur _____ .»

Comme elle ne fait pas partie de ces gens qui ont la facilité
de s'habiller _____ et très excentrique, elle se croit obligée de
_____ .

Néanmoins, elle se permet des petits points de fantaisie
parce qu'elle est dans un _____ où on ne doit pas _____ .
Dans la partie artistique les gens s'habillent _____ .

En somme, Mme Héry a constaté qu'elle suivait la mode
mais _____ . Elle a déclaré:
«_____ je ne veux pas le mettre même si c'est la mode.»

le goût classique classic style
par rapport à according to
ce qui me va what suits me
n'importe quoi any old thing
n'importe qui any old person
un milieu a circle of people
on ne doit pas rester en arrière you have to keep up with the times
s'habiller au dernier cri to dress in the latest fashion

MODE

LE TAILLEUR TAILLE FINE
Veste courte et cintrée sur jupe large, le tailleur autrichien marine gansé de kaki inattendu. Old England. Chemisier brodé Hémisphères. Collants Stemm. Gants Norval. Sac Hémisphères.
Réalisation : Joyce Quiniou. Photos : Michael Wirth. Coiffures : Fabian pour Bruno. Maquillages : Hue Lan pour Stendhal sur les yeux Trio La Fenice. Blush Fortissimo. Rouge à lèvres n° 41. Renseignements courrier des lecteurs : 530.03.19.

LE TWIN-SET CLASSIQUE
Blanc gansé marine, le plus chic des twin-set en pur cachemire à porter avec des perles, sur un pantalon à pinces en gabardine de laine. Chanel. Accessoires Chanel.
Maquillage Stendhal.Sur les yeux Trio Bolchoï. Blush Opera. Rouge à lèvres n° 40.

LE MARINE
Vive le marine. C'est la couleur vedette de cet hiver qui enfin détrône le noir. Plus nouveau, plus gai, il s'adapte à tout facilement.

Le Sexe des Jeans

par Jacques Laurent

L'empire du jean est mondial. Il est porté aussi bien par les femmes que par les hommes, par un vieux que par un enfant, par un médecin que par un ouvrier. Le jean peut être considéré comme un ustensile si pratique que son succès a été unanime. On peut aussi bien le considérer comme un mouvement miraculeusement égalitaire et revigorant dont le port propose une certaine vision de soi aux autres et à soi-même: quel que soit son âge et sa condition sociale, un usager du jean se sent jeune et dans le coup.

Du temps de Zola l'expression «femme en cheveux» désignait une ouvrière, mais la mode n'allait pas tarder à affranchir toutes les femmes du port obligatoire du chapeau et les femmes d'aujourd'hui en portant des salopettes ou des débardeurs ne font que poursuivre un mouvement séculaire. On peut comprendre pourquoi le blue-jean connut si vite une exorbitante victoire. Les femmes, en s'emparant de ce rudimentaire accoutrement masculin, ne faisaient que suivre une loi née au début du siècle, celle de la masculinisation de leur costume.

Au moment où le jean prenait le pouvoir on se demandait si l'avenir n'était pas à l'unisexe et l'enthousiasme croissant que les femmes avaient manifesté pour le jean aurait pu le donner à penser si un certain nombre de signes n'avaient pas suggéré le contraire. D'abord le tissu du jean est une peau collée sur la peau, pareille à celle de la pêche qui épouse scrupuleusement le galbe de la chair. Le tissu devient semblable à une teinture bleue qui colore une nudité sans la vêtir.

A certaines époques l'abondance des jeans, tous semblables et également délavés, aurait donné à un explorateur débarquant d'un autre temps la certitude que ces femmes et ces hommes faisaient le même travail où étaient employées par la même firme.

En France, deux femmes qui par un hasard malheureux se retrouvaient vêtues d'une façon voisine étaient très malheureuses. Elles le sont encore sauf s'il s'agit du jean. On s'est assez plaint de la dictature des couturiers et quand elle a été renversée les femmes ont été libres de s'habiller de la même façon.

Au bout de quelques années il avait été évident que le jean ne supplantait pas la robe et la jupe et que celles-ci étaient en très bonne santé, bref l'unisexe n'était plus à redouter.

Elle *No. 1872*

1 According to Jacques Laurent
  a jeans are worn mainly by workmen.
  b doctors do not wear jeans.
  c jeans are worn world-wide by young and old alike.

2 Jeans were a resounding success principally
  a because of the women's liberation movement.
  b because everyone was unanimously in favour.
  c because they were so practical.

3 Wearing jeans
  a makes you feel young and 'with it'.
  b means that you belong to a movement fighting for equality.
  c is only possible for people of a certain age and social standing.

4 In Zola's time
  a women started wearing jeans.
  b women not wearing a hat were considered to be workers.
  c women were liberated.

5 At the beginning of the twentieth century
  a there was a law about women wearing jeans.
  b women wore men's clothes.
  c a new form of female dress was beginning to be adopted.

6 The author thinks that
  a when jeans came in, people were just beginning to think about unisex clothes.
  b women's enthusiasm for jeans indicated a wish to be like men.
  c clothes will be more unisex in the future.

7 He finds that
  a jeans make men and women look the same.
  b jeans are just one sign of a tendency towards unisex clothes.
  c jeans hug the figure like a second skin.

8 He remarks that jeans
  a are not very warm.
  b colour your skin blue.
  c are very revealing.

9 A traveller through time
  a would not be able to tell men and women apart.
  b would think everyone did the same job or belonged to the same company.
  c would think it very strange that everyone's jeans had faded.

10 French women
  a do not mind if they are wearing the same dress as the person next to them.
  b are now free to dress in an individual and eccentric way.
  c had always complained that the big fashion designers dictated what they should wear.

11 After a few years
  a many woman still preferred skirts and dresses.
  b hardly anyone wore skirts any more.
  c unisex clothing was the height of fashion.

17 La pêche

La Bretagne

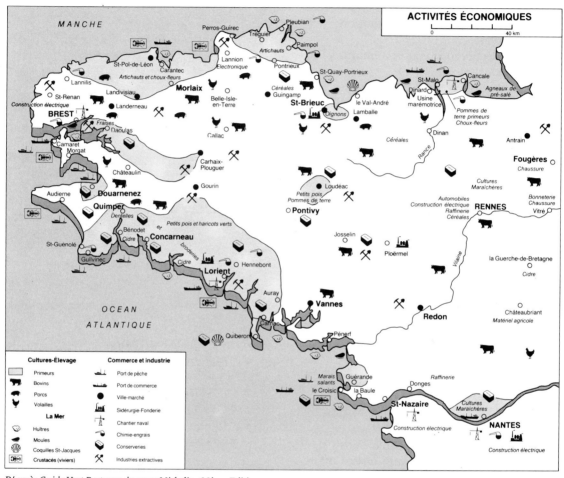

D'après Guide Vert Bretagne du pneu Michelin, 29ème Edition

LA PÊCHE ET LES PRODUITS DE LA MER

Après la production agricole, l'apport de la mer est une des ressources essentielles du pays: les Bretons, s'il faut en croire un proverbe «naissent avec de l'eau de mer autour du cœur».

La Bretagne, qui possède avec Lorient et Concarneau les deux ports de pêche les plus importants après Boulogne, arrive largement en tête des régions françaises pour la valeur et l'importance des prises (poissons: 41%; crustacés: 67%). Elle a su s'adapter aux techniques modernes: chalutage de fond en haute mer, senne tournante pour la capture de la sardine et du thon tropical, pêche par l'arrière, cales congélatrices ...

Les ports de pêche. – A l'exception de St-Malo, les ports les plus importants sont situés sur la côte Sud. Ce sont, outre Lorient et Concarneau, Douarnenez, Guilvinec, St-Guénolé, Loctudy, Camaret, Quiberon. Mais d'innombrables petits ports, où quelques barques seulement s'échouent à marée basse, s'échelonnent tout le long du littoral breton, riche en havres naturels. Bien que les bateaux soient tous équipés de moteurs et que des chalutiers modernes aient remplacé les thoniers aux voiles colorées ou les sardiniers aux célèbres filets bleus, le spectacle offert par les ports, les plus modestes surtout, conserve beaucoup de charme.

l'apport contribution
la prise catch
senne seine (*type of fishing*)
l'arrière stern
cales congélatrices freezer holds
  for cold storage
s'échouer to run aground
s'échelonner to be dotted, spaced
  out
le littoral coast
le havre harbour
le chalutier trawler
le thonier tuna boat
le filet net

Look at the map opposite and answer the
questions. You can look up any words you
don't know in the vocabulary list at the back
of the book.

1 List the fishing-ports marked.
2 Where do they fish for
   a lobster?
   b scallops?
   c mussels?
3 Which towns along the coast have canning
   factories?
4 Are vegetables grown mainly inland or on
   the coast?
5 Near which large town do they grow peas
   and beans?
6 Where are strawberries grown?
7 What are the main industries of
   a Rennes?   **c** St Brieuc?
   b St Malo?   **d** Brest?
8 What industries distinguish Concarneau
   from the rest of Brittany?

Read the extract from the **Guide Vert**
entitled **La pêche et les produits de la mer**
and choose the correct answer.

1 The fishing industry is
   a more important than agriculture.
   b of equal importance to agriculture.
   c second only in importance to agriculture.

2 The proverb about the Breton people
   signifies
   a that they are often born on boats.
   b that they love the sea.
   c that sea water affects their health.

3 The most important fishing-port in France
   is
   a Lorient.
   b Concarneau.
   c Boulogne.

4 The fishing ports of Brittany catch
   a most of the lobsters and crabs eaten in
   France.
   b over half the fish trawled in the whole of
   France.
   c only a very few more fish than the
   Mediterranean ports.

5 Fishing over the stern of the boat is
   a an old-fashioned fishing method.
   b a modern fishing technique.
   c not advisable.

6 **a** Many boats go aground along the Breton
   coast.
   b At high tide it is difficult to enter the
   ports along the Breton coast.
   c There are many natural harbours along
   the Breton coast.

7 Modern Breton fishing-boats
   a have coloured sails.
   b are trawlers.
   c have blue nets.

8 The author finds that
   a the Breton ports are almost as
   picturesque as they used to be.
   b the larger ports are more interesting.
   c the ports offer special shows for tourists.

Times have changed

Thonier (1), chalutier (2) et langoustier (3) dans le port de Douarnenez (D'après Guide Vert Bretagne du pneu Michelin, 29ème Edition)

You're writing a report about the decline of the fishing industry. Copy out the table below and fill it in whilst listening to the tape.

Un ancien thonier (D'après Guide Vert Bretagne du pneu Michelin, 29éme Edition)

Douarnenez 1885

Population: ......
Nombre de personnes qui vivait de la mer: ......

Type de bateau	Nombre d'employés dans un équipage	Nombre de jours à la mer
sardinier	......	......
langoustier	......	......
thonier	......	......

Now answer the questions and using the link-words provided, write a paragraph about the differences between the fishing industry 30 years ago and that of today.

1 Est-ce que les bateaux d'aujourd'hui ont la beauté des sardiniers et des thoniers d'autrefois? (puisque) ...
2 ... A quoi travaillent-ils surtout, ces nouveaux bateaux? (et) Pourquoi n'ont-ils pas l'esthétique des anciens bateaux?
3 (Bien que) Est-ce que les conditions de travail sont améliorées? ...
4 Est-ce que le travail est plus dangereux? (parce que) ...
5 Est-ce que les anciens bateaux étaient plus stables que les bateaux utilisés actuellement?
6 Est-ce qu'il y a beaucoup de marins que disparaissent chaque année?
7 Est-ce que le chalut accroche dans les fonds? (et)
8 Est-ce que le bateau se retourne et coule?

à une certaine époque at one time
le tiers a third
il y a un siècle a century ago
un équipage a crew
le sardinier sardine-boat
le langoustier lobster-boat
le thonier tuna-boat
le chalut trawl, drag-net
tremper to trawl
à pont couvert with an enclosed deck
améliorer to improve
actuellement nowadays
les pour et les contre advantages and disadvantages
se retourner to be upturned
couler to sink
accrocher to get hooked on to something
les fonds bottom, bed (of sea)

There's something fishy going on . . .

Read the brochure which advertises the 'Blue nets' festival and then decide whether the statements below are *true* or *false*. If they are false, write the correct version.

CONCARNEAU

Historique: Concarneau, depuis des siècles port sardinier, a pris un essor considérable dans la seconde moitié du XIXeme siècle, avec l'apparition des premières conserveries.

Hélas la population tout entière était à la merci des caprices de la sardine qui restait parfois plusieurs années sans paraître sur les côtes. C'était alors la misère pour tout le pays.

C'est pour essayer de trouver des fonds destinés à secourir ces familles que des artistes et des notables eurent l'idée, en 1905, de créer une grande fête de bienfaisance à caractère folklorique, la première du genre en Bretagne: LA FÊTE DES FILETS BLEUS (son nom rappelait la couleur des filets à sardines).

Aujourd'hui le but est de faire connaître aux spectateurs les costumes, les danses, la musique, les traditions, les chants et les produits de notre terroir. La fête des Filets Bleus est un grand moment de liesse et de réjouissance variées.

Les manifestations: Traditionnellement la fête a lieu **chaque année l'avant-dernier dimanche d'Août**, mais ce jour est en réalité l'apothéose de toute une semaine d'animation présentant chaque jour un spectacle différent: musique, présentation de danses, conteurs, chants, expositions, dégustations de produits régionaux, régates . . .

La période de fête commence le 14 Août au soir avec une grand 'Fest-Noz' avec repas de produits de la mer et danses collectives animées par un orchestre.

Le dernier jour de la fête, plusieurs dizaines de groupes folkloriques bretons animent la ville. Le matin un immense défilé parcourt les rues principales et présente au son des musiques traditionnelles un spectacle 'éclaté' sur différents podiums.

L'après-midi, face au port, sur une vaste esplanade spécialement aménagée pour le spectacle, groupes et chanteurs se succèdent sans interruption tandis que les visiteurs peuvent apprécier les produits régionaux.

La soirée se termine par un gigantesque feu d'artifice tiré des remparts de la vieille ville au-dessus du port.

A noter que durant toute l'année on peut se procurer le 'petit filet bleu', insigne caractéristique de Concarneau représentant un filet, en miniature. (crée en 1905).

Michel GUÉGUEN

prendre un essor to make great advances
la misère poverty
des fonds funds
secourir to help
la bienfaisance charity
le but aim
la liesse jollity, gaiety
la réjouissance merry-making
les manifestations celebrations
l'avant-dernier second last
l'apothéose culmination
Fest-Noz Breton fête
un insigne emblem

1 Concarneau a commencé à mettre des poissons en conserve au début du dix-neuvième siècle.

2 Quand il n'arrivait pas de sardines, tout le monde en souffrait.

3 On décida de créer la fête des filets bleus pour célébrer l'arrivée de beaucoup de sardines.

4 Actuellement l'objectif de la fête est de gagner de l'argent pour aider les pauvres pêcheurs.

5 On veut démontrer les coûtumes bretonnes.

6 La fête dure une semaine et termine l'avant-dernier dimanche d'août.

7 Le dernier jour de la fête il y a un spectacle avec deux ou trois groupes folkloriques bretons.

8 Ce jour-là, on n'a pas la possibilité de déguster les produits régionaux.

Now answer these questions in French:

1 La fête des filets bleus, pourquoi s'appelle-t-elle ainsi?

2 Comment est-ce qu'on profite du port de Concarneau lorsqu'on fait la fête?

3 Quel est l'emblème de Concarneau?

18 La fête

ST-LAURENT-NOUAN

DIMANCHE
11 JUILLET

FÊTE DU CAMPING

PARADE DE MAJORETTES & GROUPE FOLKLORIQUE

14 h 30 :

DÉFILÉ A SAINT-LAURENT

15 heures, sur le terrain de camping de NOUAN-SUR-LOIRE :

SPECTACLE par le groupe folklorique Auvergne-Limousin « LO BOURRÊIO »

ÉVOLUTION DES GROUPES DE MAJORETTES DE OUCQUES-LA-JOYEUSE & DE ST-VIATRE

CONCERT par l'Union Musicale de St-Viatre

DEMONSTRATION ET REALISATION DE SUJETS EN VERRE

STANDS & JEUX DIVERS   SANDWICHES · BUVETTE

22 h 30, sur les bords de la Loire :

✱✱✱✱✱ **FEU D'ARTIFICE** ✱✱✱✱✱✱

UN BADGE NUMÉROTÉ SERA VENDU 5 F ET DONNERA DROIT A UN TIRAGE POUR UNE DISTRIBUTION GRATUITE DE LOTS, DONT UN MOUTON.

Camping in the Loire valley

On arrival at the campsite in the village of St. Laurent-Nouan, you are given a copy of this announcement of a fête. Read it and answer the questions:

1 On what day of the week is the fête taking place?
2 What is happening at half past two?
3 And what will be happening at the campsite?

4 What will take place in the evening? Where?
5 How do you get in on the raffle? What is the main prize?

le défilé procession
le feu d'artifice firework
un tirage draw, raffle
le lot prize

Rock concerts – and other 'fêtes'!

C'EST LA FETE

Je suis allé dernièrement à l'Olympia voir le spectacle de Michel Fugain et du Big Bazar. C'est super sensationnel!!! Ils dansent tous drôlement bien. Ça bouge partout et c'est plein de couleurs. En sortant on a vraiment envie de chanter, de danser et de faire la fête. J'aimerais savoir comment Michel a recruté sa troupe. Est-ce qu'il pense l'agrandir un jour?

Elisabeth F

Salut les copains

1 Elizabeth F., qu'est-ce qu'elle a bien aimé dans le spectacle de Michel Fugain et du Big Bazar?
2 Est-ce qu'elle était de bonne humeur après le concert?
3 De quels mots se sert-elle pour montrer son enthousiasme?
4 Selon ses deux dernières phrases, qu'est-ce qu'elle aimerait faire?

What's the joke in this photo?

How many days holiday does the bank have?

Le Noël – Christmas. Is it so different in France?

Listen to three different conversations about what French people do at Christmas time and choose the correct answer.

un rassemblement gathering
le Noël Christmas
le renouvellement renewal
la côte coast
la galette type of cake
les amandes almonds
la fève bean, lucky charm
à l'intérieur inside
une couronne crown
la reine queen
le roi king
avaler to swallow

1 Jean-Luc thinks **la fête** is
  a an open-air festival.
  b a weekend of rock music.
  c when family or friends get together.

2 He remarks that
  a Christmas comes but once a year.
  b everyone is happy at rock festivals.
  c he prefers Christmas to New Year.

3 At New Year
  a they don't invite so many people as at Christmas.
  b the table is groaning with food.
  c there are fifteen people round the table.

4 Mme Héry
  a has not very strong religious convictions.
  b thinks of Christmas as a time of spiritual renewal.
  c likes to go out on Christmas Eve.

5 She spends Christmas
  a in Paris with her husband and son.
  b surrounded by children.
  c by the sea with her parents.

6 **a** She thinks it's very hard for people to be alone at Christmas time.
  b She boasts about her glamorous jet-setting life.
  c She arranges a party for her family in Paris.

7 **Galettes des rois**
  a are usually home-made.
  b are a sort of Christmas decoration.
  c are of two sorts: with or without almonds.

8 The most important thing about **galettes** is that
  a they have pictures of Jesus on top.
  b you have to look out for the charm hidden in them.
  c they are made in the shape of little animals.

9 If you are given the part with the **fève** in it,
  a you are expected to swallow it.
  b you put on a crown and choose a partner.
  c you pass over your crown to someone else.

Comment fêtez-vous votre «Christmas»?

Read the letter from your pen-friend below, then write back to her, answering her question and explaining how we eat Christmas pudding (**le Christmas pudding!**).

un sapin pine-tree
déposer to place
un jouet toy
un traineau sledge
des cerfs deer

Cher Brian

Cette année nous allons fêter Noël comme tous les ans.

Quelques jours avant le 25 décembre mon père achète un sapin et nous le décorons en même temps que le salon. Après on installe une crèche sous l'arbre. Le 24 décembre on veille assez tard. Le lendemain matin quand tout le monde est habillé, on rentre dans le salon. Là, tous les cadeaux de Noël y ont été déposés. Nous les ouvrons un à un. La légende de Noël dit aux petits enfants que c'est un gros bonhomme habillé de rouge avec une grande barbe qui la nuit apporte les jouets qu'il transporte dans un traineau tiré par des cerfs qui volent. Le bonhomme était le père Noël. Il n'apporte ces jouets qu'aux enfants sages.

Bien sûr on choisit, nous-mêmes notre cadeau. Bon; j'espère que cette lettre t'a plu et j'aimerais bien que tu me dises comment vous fêtez votre " christmas "

Au revoir ?

Stéphanie

19 Le syndicat d'initiative

Quimper

🌐 The tourist attractions of Quimper

Listen to the passage and answer the questions in French:

1 Qu'est-ce qu'il y a d'intéressant à visiter à Quimper?
2 Quel genre d'animations y a-t-il pour les jeunes à Quimper?
3 Et qu'est-ce qu'il y a d'autre pendant la saison touristique?
4 Les «Fest-Noz», à quoi consistent-elles exactement?
5 Est-ce qu'il y a beaucoup de jeunes qui participent aux Fest-Noz?
6 La voile, où est-ce qu'on la pratique?
7 Quelles autres activités y a-t-il le soir?
8 Quel genre d'animation y a-t-il parfois dans les bars?

la faïencerie pottery
quel genre d'animations what type of entertainment
moyen middle-sized
d'ailleurs besides
Fest Noz Breton fête
pas mal de quite a few
passé de mode out of fashion
la côte coast
les chanteurs singers

78

Visitez Quimper . . .

capitale de la Cornouaille, du Folklore Breton et de la Faïence d'art.

Whilst in the Syndicat d'initiative, you pick up this leaflet about Quimper. Fill in the blanks using the words listed below.

plein	plages	ancienne
flânerie	vaste	pêcher
moyenne	agricole	la capitale
voile	plaisir	musée

flânerie saunter
moyenne medium-sized
un chef-lieu county town
tissages weavings
une salaisonnerie salting / curing factory (of meat)
recéler to hide away
déçus disappointed

QUIMPER, sourire de la Bretagne proclament les lettres postées dans notre ville.

Il est difficile de définir aussi justement et en aussi peu de mots, ce qui caractérise _____ de la Cornouaille.

Le Quimper d'aujourd'hui est une très _____ commune, plus de dix-sept kilomètres du Nord-Est au Sud-Ouest, à la fois neuve et _____, urbaine et rurale, terrienne et maritime.

Chef-lieu de l'important département du Finistère, peuplée de 60.000 habitants, Quimper est le type de la ville _____.

Le promeneur y passera une agréable journée, visite commentée des monuments principaux et vieux quartiers, halte reconstituante dans une crêperie, _____ le long de l'Odet, contact avec le passé au Musée Breton, contemplation des collections du _____ des Beaux-Arts, entièrement rénové (l'un des plus riches musées provinciaux). S'il préfère le _____ air, notre visiteur pourra _____ la truite et même le saumon sur l'Odet ou faire de la voile à Kérogan.

Quimper possède des industries caractéristiques: faïenceries, tissages, crêpes dentelles. C'est aussi le centre d'une région d'une grosse production _____ (élevage, industrie laitière, conserves, salaisonneries) et de pêche (près de 40% des pêches maritimes françaises).

C'est aussi le centre d'une région privilégiée pour la navigation de plaisance, avec des dizaines d'écoles de _____, pour les vacances sur la côte aux innombrables _____ de sable, ou dans l'intérieur où chaque coin recèle chapelles, calvaires, fontaines.

Faites-nous le _____ de venir chez nous. Nous sommes sûrs que vous ne serez pas déçus.

M. Le Ninivin,
*Président de l'Office de Tourisme
de Quimper.*

Answer the following questions in English:

1 Of which region is Quimper the capital?
2 Of which *département* is it the county town?
3 What size is Quimper?
4 How might you spend a pleasant day in Quimper?
5 And what if you're an outdoor type?
6 What are Quimper's main industries?
7 What tourist attractions does it have?

Now find the French equivalents of the following phrases:

8 county-town of the important county of Finistère
9 with a population of 60,000 inhabitants
10 a typical medium-sized town
11 a guided tour of the ancient monuments and the old quarter
12 . . . has its own typical industries

VOTRE COMPAGNON DE ROUTE . . .

Dès votre arrivée, vous faites connaissance avec votre cheval et prenez possession de votre roulotte.

A l'heure du départ, nous vous donnons quelques conseils pratiques.

Les chevaux calmes et confiants se prêtent aisément à la cérémonie de l'attelage.

Tout le monde est fin prêt.

En avant!

AU DÉTOUR D'UN CHEMIN

Sur la route, le cheval et la roulotte vous aident à vous réconcilier avec le monde rural. Nos circuits vous emmènent le long de la vallée de l'AULNE, ou à travers les MONTS D'ARRÉE dans le PARC d'ARMORIQUE.

La halte en pleine nature, au détour d'un chemin, vous fait redécouvrir des plaisirs trop souvent oubliés.

Le repas pris près de la roulotte est l'un de ces instants privilégiés.

VOTRE ROULOTTE

Très bien équipée, elle comprend:
- 4 couchettes avec matelas de mousse, draps, oreillers et couvertures;
- l'éclairage;
- une plaque chauffante (gaz: 2 feux);
- un évier en acier inoxydable avec réserve d'eau à renouveler à chaque étape;
- tous les ustensiles de table et de cuisine;
- des placards de rangement;
- une glacière;
- possibilité de W.C. chimiques, chauffage.

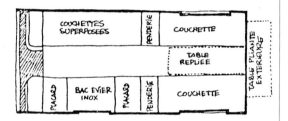

LE FINISTÈRE AU PAS D'UN CHEVAL BRETON

C'est un bol d'air dans les forêts du Huelgoat.

C'est une truite pêchée au fil d'un ruisseau.

C'est une bolée de cidre au passage d'un hameau.

La Bretagne est un beau pays.

Allons à la rencontre des calvaires, chapelles, manoirs et fermes, avec nos compagnons de voyage, les chevaux CHARLOT, COMTESSE ou BELLA.

Les roulottes seront notre nouveau foyer

… le temps d'un week-end
le temps d'une semaine

***TOUT OUBLIER,
TOUT RETROUVER***

conseils pratiques practical tips
confiants trusting
d'attelage harnessing
en avant! off we go!
au détour d'un chemin just off the beaten track
un hameau hamlet
un matelas de mousse foam mattress
les draps sheets
les oreillers pillows
les couvertures blankets
l'éclairage lighting
un évier sink
un placard cupboard
la glaciére ice-box
repliée/pliante folding

And now for something completely different . . .

Off in a caravan – **une roulotte**! Check through the information on the page opposite and choose the correct answer.

1 In order to help you manage your horse and caravan
   a you have to go on a special course.
   b the organization gives you a few handy hints before you leave.
   c you have to pass a test as soon as you arrive.

2 Your route
   a is suggested for you by the organization.
   b takes you along busy main roads.
   c takes you past restaurants where you can have meals.

3 When you go off the beaten track
   a you will immediately get lost.
   b you will rediscover the beauties of nature.
   c you should eat *inside* the caravan.

4 Along the way
   a there are no tourist attractions apart from the outdoor life.
   b there are buildings to see as well as fresh air and beautiful countryside.
   c there are no villages, just forests.

5 Charlot, Comtesse, and Bella are the names of
   a the people travelling with you.
   b the caravans.
   c the horses.

6 Your caravan
   a comes supplied with sleeping bags.
   b has a bunk-bed with two bunks.
   c has no cooking facilities.

7 You have to supply your own
   a plates and cutlery.
   b paraffin lamps.
   c water as you go along.

On your bike . . .

Why is cycling recommended as an alternative mode of transport?

Brochure

Some French visitors are coming to Britain. Write a brochure for them in French describing the area in which you live and what there is to do there.

20 Les crêpes

RECETTE DE LA GALETTE DE BLÉ NOIR

1 kg de farine de blé noir de première qualité, 1 œuf entier, 1 poignée de gros sel, 1 pichet d'eau.

Mettre la farine dans la terrine, faire une fontaine et y mettre l'œuf et le sel. Travailler la pâte avec la cuillère de bois en versant l'eau peu à peu. Quand la pâte aura pris la consistance d'une mayonnaise très épaisse, la battre énergiquement 10 minutes. Plus elle sera battue, plus elle sera légère. La pâte s'étendra ainsi plus facilement. Ajouter encore de l'eau tout en travaillant la pâte. Mélanger encore avec la louche. La pâte doit être très lisse et couler de la louche comme une crème.

Mettre le galetier sur le feu, graisser et laisser chauffer. Quand il fume, verser une petite «louchée» de pâte. Etendre délicatement et rapidement avec le «rouable» ou «rozell». Cette opération est délicate et demande un bon «tour de main». Cuire assez vivement, retourner avec la «tournette». Beurrer immédiatement sans laisser recuire. Plier en quatre. Servir chaud.

la farine flour
le blé noir wholemeal flour
la terrine (earthenware) bowl
faire une fontaine make a well
peu à peu little by little
la pâte batter
mélanger to mix
la louche ladle
lisse smooth
couler to run, flow
le galetier griddle
'rouable', 'rozell' special instruments for spreading batter
'tournette' special spatula / pallet-knife

You find this recipe for savoury pancakes in a Breton cookbook. Read it through and decide which *order* the illustrations should be in:

1	F	4	...
2	...	5	...
3	...	6	...

How do you make them?

Listen to the tape and answer the questions in English.

1 What sort of flour are
   a sweet crêpes
   b savoury crêpes
   made from?
2 What proportions of flour, eggs, and sugar do you need for sweet crêpes?
3 What are the ingredients of savoury crêpes?
4 What does she suggest as fillings for savoury crêpes?
5 How does she recommend cooking the crêpes?
6 What should you add as they come off the heat?

le froment wheat
le sarrasin buckwheat
légèrement salée slightly salted
délayer to thin it down
garnir to garnish
le calmar squid
de l'andouille chitterling sausage
du lard fumé smoked bacon
une plaque hot-plate
la poêle frying-pan
améliorer to improve

Quel est ton plat préféré?

You've been asked to explain how your favourite dish is cooked. Write the recipe using the one given opposite as a model.

Off to a crêperie

Why make your own crepes when you can buy them fresh from the griddle ...!

You see these signs:

1 What is the crêperie called (give a rough translation in English) and where is it?
2 Do you think it will be open at the moment? Write down two phrases which tell you.

Ordering a meal in a crêperie

This time you're the waitress/waiter. It's your first day.
You're picking up tips from the permanent waitress at the
crêperie. Listen to the tape and answer the questions.

1 Write down exactly what you would say if a customer
  asked you what a **crêpe campagnarde** was.
2 Write down the customer's order like this:
  Plat principal: ......
  A boire: ......
3 When the customer asks what you've got to drink, write
  down how you would say that there are lots of things and
  that it should be written down on the menu.
4 From the price list opposite, work out the customer's bill
  and write it out. Remember to add 15% service.

In groups of four order your own crêpes!

Choose one person to be the waiter/waitress. Looking
carefully at the menu (you can check up on vocabulary in
the list at the back of the book), choose what you'd prefer,
then act out the scene in the crêperie. Don't forget to work
out the bill at the end.

soubise   in an onion sauce
les fruits de mer   sea-food
des lardons   pieces of bacon
du thym   thyme
du laurier   bay-leaf
des aromates   herbs
des calmars   squid
des moules   mussels
c'est marqué   it's written down

Nos crêpes

BLÉ NOIR (salées)

Beurre	4.20
Jambon	5.50
Œuf	6.50
Fromage	8.50
Œuf-Fromage	8.50
Œuf-Jambon	8.50
Jambon-Fromage	8.50
Saucisse de Strasbourg	7.50
Saucisse bretonne	7.50
Merguez	7.50
Club (œuf, jambon, fromage)	11.50
Saucisse-Œuf	8.50
Saucisse-Fromage	6.50
Tomate	6.00
Tomate-Jambon	8.50
Andouille	7.50
Saucisson	7.50
Calmar	16.00
Coquilles Saint-Jacques	18.00
Fruits de mer	16.00
Soubise	8.50
Lard fumé	7.30
Soubise-Fromage	5.50
Œuf-Tomate	8.50
Campagnarde	10.00

FROMENT (sucrées)

Sucre	3.00
Beurre	3.80
Beurre-Sucre	4.50
Confiture Fraise, Abricot, Framboise, Orange	3.00
Chocolat	6.50
Miel	6.50
Citron	6.50
Pomme	8.00
Banane	6.50
Banane-Chocolat	8.50
Banane-Chocolat-Citron	12.00
Gelée de Mûres	5.50
Noix de Coco	6.50
Abricot-Chantilly	8.20
Banquise (glace-chantilly-fruits)	18.00
Banane-Citron	8.50
Amandes-Chocolat	9.00
Chocolat-Chantilly	9.00
Noix de Coco-Chocolat	9.00

21 La musique

⚙ Asking about preferences

Claude asks Jean-Marie if he's keen on music.
Answer the questions in French.

1 Jean-Marie, quel genre de musique préfère-t-il?
2 Quels sont ses groupes préférés?
3 Joue-t-il d'un instrument lui-même?
4 Ecoute-t-il plutôt le tourne-disque ou la radio?
5 Pourquoi aime-t-il Radio 7?
6 Ses parents, écoutent-ils Radio 7?

Musical instruments

Now ask and answer questions about what instruments you
play, like this:

Tu joues d'un instrument?
    – Je joue du piano.
    – J'aimerais bien jouer de la contre-basse.

les années soixantes the sixties
la contre-basse double-bass
le tourne-disque record-player
la chaîne channel
les animateurs disc-jockeys
une bonne ambiance pleasant atmosphere
R.T.L. Radio-Téléfusion Luxembourg

la flûte

le tambour

la guitare

la trompette

le violon

l'orgue de Barbarie

A matter of taste

Now ask and answer your partner about your musical
preferences. Here are some prompts to help you:

Tu aimes la musique?

Je l'aime | assez.
| bien.
| beaucoup.

Je ne m'intéresse pas | tellement | à la
| beaucoup | musique.

Quel genre de musique
   préfères-tu?

le rock / le jazz / la musique classique

Quel est ton compositeur/groupe/chanteur préféré?

Mozart/les Stones/John Lennon

Tu écoutes surtout la radio ou tu as un tourne-disque?

J'écoute surtout . . .

Tu vas quelquefois aux concerts?

Oui, j'y vais | quelquefois.
| de temps en temps.
| (assez) souvent.
| une fois par an.
Non, je n'y vais jamais.

French radio stations

Listen to Patricia talking about French singers and what you'd hear on French radio, then choose the correct answer **a**, **b**, or **c**. Try to quote in French (or at least in English!) what is said which makes you choose that answer rather than the others:

il suffit d'écouter . . . you only have to listen to . . .
un disque sur deux one record out of two
dans le sud de la France in the south of France
plus rapprochés closer to
la vie qu'ils mènent the life they lead
d'être au courant de problèmes routiers to have the latest information about traffic problems

1 According to Patricia
  a all French singers are excellent.
  b some French singers are good, some are bad.
  c Brassens and Jacques Brel sing English songs.

2 She personally
  a feels that poets shouldn't sing.
  b doesn't like the music of Jacques Brel.
  c thinks French singers shouldn't imitate English singers.

3 Most young French people listen to
  a English music.
  b French music.
  c poetry.

4 On French radio (France Inter or Europe N° 1)
  a a third of the records are English.
  b they've only got one English record.
  c at least one record out of every two is in English.

5 Patricia comments that
  a only Parisians listen to Europe N° 1.
  b people in the south of France listen to Radio Monte Carlo.
  c France Inter is a regional channel.

6 The smaller regional channels
  a are restricted to the one in Rennes and the one in Lyon.
  b are what Patricia is most familiar with.
  c are more in touch with listeners' everyday lives.

7 The regional channels
  a give traffic and cultural news.
  b give local news which is boring, in Patricia's view.
  c cause road accidents.

Johnny Hallyday

The influence of British pop music is nowhere more evident than in the career of Johnny Hallyday, France's first rock-and-roller. Here is part of the story of his life taken from the magazine *Podium Hit*. Read it through and fill in the blanks with words taken from the list below:

Ce mois-ci Johnny Hallyday

Le petit Jean-Philippe _____ un 15 juin 1943 doit ce _____ à son cousin Lee Hallyday qui lui fit également cadeau de son nom.

De sa prime jeunesse Johnny ne garde que le _____ tourmenté d'un père fantôme et d'une _____ désargentée et abandonnée qui s'empresse de se débarrasser de ce bambin encombrant en le confiant à sa _____ Madame Mar, sœur aînée du papa.

C'est sans doute à cette famille improvisée que le _____ Jean-Philippe doit sa carrière car Madame Mar et son mari sont _____ et le futur Johnny les suit partout en tournée.

Ces tournées les conduisent en Angleterre. Il y prendra très tôt les _____ anglo-saxones qui lui feront préférer la _____ au violon, premier instrument auquel on le destinait.

Sa jeunesse s'écoule donc calme et sans grandes _____. Un petit événement va pourtant _____ le cours de sa vie.

«Je passais, dit-il, devant un cinéma qui affichait un simili-western intitulé *Amour Frénétique* autrement dit *Loving You*. Il y avaient sur les photos publicitaires des superbes _____ portant des super chemises! Attiré par ces tenues, _____ et qu'est-ce que je découvre? ... un type qui _____ avec trois ou quatre superbes nanas qui l'entourent et hurlent chaque fois qu'il ouvre la bouche. Moi, qui m'attendait à _____ des bagarres, jugez de ma déception. A la moitié du film, je m'en vais. Pourtant dans la nuit je suis hanté par le type à la guitare si bien que dès le _____ je retourne voir le film jusqu'à la _____. Deux jours plus _____, je troque ma vieille guitare classique contre une _____.»

de sa prime jeunesse of his very young days
désargentée moneyless
s'empresser de to hasten to
se débarrasser de to get rid of
en tournée on tours
afficher to advertise
une tenue get-up
un type bloke, guy
une nana chick
hurler to scream
une bagarre fight
la déception disappointment
troquer to swap

artistes	tard
cowboys	souvenir
prénom	mère
électrique	guitare
changer	voir
tante	petit
habitudes	chante
né	fin
surprises	j'entre
lendemain	

Small ads

You look through the **Petites Annonces** – the small ads – at the back of the magazine and your eye is caught by these two advertisements in the **Achats-Ventes** section:

Vends très beaux posters (2 posters) de chevaux: 20 F l'un, format 100 × 70 cm. Valérie VAU-THIER 14, rue Val Thiebaut – 54600 VIL-LERS LES NANCY.

Recherche disques, cassettes de Johnny Hally-day, de Dick Rivers, d'Elvis Presley. Achète à bon prix si disque bon état.
René SCHNEIDER – 2, rue de HABSHEIM 68100 MULHOUSE.

Write a letter replying to René or Valérie, and then write your own **Petite Annonce** on the same lines copying out the voucher below:

PETITES ANNONCES GRATUITES

Si vous désirez faire paraître une petite annonce gratuite, remplissez soigneusement le bon à découper ci dessous.

PODIUM-HIT
9 bis, rue de Montenotte
·75844 PARIS CEDEX 17

Nom..
Prénom...
Adresse...
....
Code postal.....................................
Ville...
Age..
Texte...
....
....
....
....
....
....

Pen-friends

Then you see the pen-friend column. Read the entries, choose a friend who seems to share your interests, and write them a short letter, telling them your name, age, and what you enjoy doing in your spare time.

J'ai 14 ans et je désire correspondre avec filles de 14 à 15 ans, habitant l'Angleterre ou l'Amérique.
Christine BASTIDE – Lotissement Beausoleil – 30450 GENOLHAC

Jeune homme de 18 ans désire correspondre avec jeunes filles de 16 à 19 ans du monde entier, parlant français ou anglais. Joindre photo. Réponse assurée.
Gérard RICQUEBOURG – Chemin de Ligne – 97425 AVIRONS – REUNION

J'ai 14 ans et je désire correspondre avec filles et garçons de 13 à 16 ans, parlant français. J'aime le disco, le rock, le funky. Joindre photo. Réponse assurée. Samuel BURLOT – 15, rue des Plantes – St Julien – 22940 PLAINTEL.

J'ai 14 ans et je désire correspondre avec garçons et filles de tout âge. J'aime le cinéma et la musique. Joindre photo. Réponse assurée. Carien CORTEMBOS – 82, parc Nazareth – 6518 LA HESTRE – Belgique

J'ai 20 ans 1/2 et je désire correspondre avec filles et garçons de tout âge et de tous pays. Réponse assurée. Evelyne LAGELEE – 27 rue Gabrielle d'Estrée – 91380 LE COUDRAY MONTCEAUX

22 La France d'autrefois et d'aujourd'hui

☉ Evenings round the fire

Listen to the tape and answer the questions in French.

1 Après le repas du soir qu'est-ce que faisaient les bretons?
2 Comment se passaient les veillées avec les voisins?
3 Quel type de personnes portent des sabots actuellement?
4 De quoi se servait-on à la place des chaussettes?
5 Est-ce qu'on avait froid aux pieds?
6 Est-ce que Mme Guinle portait la coiffe quand elle était jeune fille?
7 Pourquoi Mme Guinle dit-elle qu'il n'est pas possible de porter la coiffe?

ça chauffait   it was warm
tricoter   to knit
raconter   to tell (a story)
un conte   story
discuter   to chat
des châtaignes   chestnuts
des veillées   social evenings round the fire
les sabots   clogs
sain   healthy
la paille   straw
des chaussettes   socks
des chaussons   slippers
essuyer   to wipe
une couche   layer
ma sœur ainée   my older sister
un costume brodé   embroidered dress
conduire   to drive

Comment va-t-on conduire la voiture avec la coiffe?!

What used they to do?

Copy out the passage below, filling in the verbs in the blanks. The infinitives of the verbs required are listed beside the passage. Listen once more to the first part of the passage to check your answers.

Une fois fini de manger le soir, il y ＿＿ un feu dans la cheminée, alors on ＿＿ chaud à la maison. Mes grands-parents ＿＿ là aussi, ma grand-mère ＿＿, mon grand-père ＿＿ des petits contes bretons quelquefois. Nous, on ＿＿, ma mère ＿＿, moi, j'＿＿ aussi à tricoter, mon père, il ＿＿ le journal, mes sœurs, elles ＿＿ là aussi, elles ＿＿ aussi et puis on ＿＿ ensemble. A l'époque des châtaignes on ＿＿ le grand plateau de châtaignes sur la table et on ＿＿ ça avec du cidre doux.

manger   regarder
tricoter (× 3) apprendre
avoir (× 2)   être (× 2)
écouter   mettre
discuter   raconter

Essay

Write a paragraph or two on what people used to do in the evening before the invention of television. (No doubt you have heard your grandparents air their views on the subject!) You can give your essay the title **Les soirées d'autrefois** and begin, as Mme Guinle does, '**Une fois fini de manger le soir . . .**'

Turning back the clock

When you arrive in Loches, a beautiful old town near Tours, everyone is dressed in nineteenth century clothing! What's going on? Look at the photos and brochure and answer the questions in English.

Loches en Touraine

10.11 JUILLET

marché paysan

Artisans ○ Vieux Métiers

AUBERGE CAMPAGNARDE

Grand Bal Champêtre

- Marché d'autrefois – Artisans – Vieux métiers.
- Reconstitution d'une ferme – Promenades en poney.
- Concours de vitrines 1900.
- Et pour les gourmets:
    - Auberge campagnarde rue Saint-Antoine.
    - Dégustation de fromages à la Chancellerie.

d'autrefois	of long ago
champêtre	rustic, country
le concours	competition
les vitrines	shop-windows

1 What's going on in Loches today?
2 What are they selling at the stalls in the photographs?
3 List the ways in which the festival is a **marché d'autrefois**.

4 What is provided for food-lovers?
5 What is going on in the evening?

The Loire châteaux

Continuing your trip through the past, you visit the
Château of Chambord.

When you approach the château, you see the signs in the
photograph. Give all the information you can about
opening times in the months of July and August. What
can't you do at the château?

Then on to the magical château of Chenonceau. Look at the signs in the photos and say whether the statements below are *true* or *false*. Correct any sentences which are false and write down the phrase or sentence which tells you if the statement is true.

CHATEAU DE CHENONCEAU
PROPRIÉTÉ PRIVÉE
HEURES D'OUVERTURE DE 9ʰ A 19ʰ
DROIT D'ENTRÉE 14 FRS
ENFANTS DE 7 A 15 ANS RÉVOLUS 7 FRS
GROUPES 20 P. ETUDIANTS 7 FRS
IL EST INTERDIT DE FRANCHIR
LA GRILLE SANS TICKET

LES CHIENS NE SONT PAS ADMIS DANS
LE CHATEAU ET DOIVENT ÊTRE TENUS
EN LAISSE DANS LES JARDINS

LE MUSÉE DE CIRES
EST OUVERT

MUSEE DE CIRES

QUATRE SIECLES D'HISTOIRE DE FRANCE A CHENONCEAU
DE LA RENAISSANCE A LA GRANDE GUERRE 1518 - 1918

DIANE DE POITIERS - CATHERINE DE MEDICIS
MARIE STUART - LOUISE DE LORRAINE - LES DERNIERS DES VALOIS
LES POETES ET LES PHILOSOPHES DU XVIII SIECLE

QUINZE SCENES - QUARANTE PERSONNAGES GRANDEUR NATURE
MAGNIFIQUE COLLECTION DE COSTUMES EXECUTES
D'APRES LES DOCUMENTS DE L'EPOQUE

PROMENADE DE REVE DANS LE PASSE

1 Le château est fermé pendant l'heure du déjeuner.

2 Pour un garçon ou une jeune fille de 14 ans, le prix d'entrée est sept francs.

3 Si vous faites partie d'un groupe de 12 personnes, le prix d'entrée est sept francs.

4 Il faut entrer dans le château sans ticket.

5 L'accès aux jardins est interdit aux animaux.

6 Au musée de cires, on peut voir des personnages historiques.

7 Ces personnages représentent exclusivement les rois et les reines de France.

8 Les costumes portés par les personnages en cire sont aussi authentiques que possible.

9 Se promener dans le musée de cires, c'est vivre un peu l'histoire française.

10 Les petits enfants peuvent être laissés à la crèche qui se trouve à votre droite.

11 Pour se divertir au parc de jeux, il faut payer cinq francs.

12 Si vous vous approchez du château monté à cheval, vous prenez à gauche pour arriver au centre équestre.

CENTRE EQUESTRE
ACCÈS A PIED

GARDERIE D'ENFANTS
PARC DE JEUX GRATUITS

23 Le féminisme

Do *you* help with the housework?

Listen to the tape and answer the questions in French:

1 Est-ce que Jean-Pierre aide sa mère à la maison?
2 Est-ce qu'il fait la vaisselle tous les jours?
3 Aime-t-il passer l'aspirateur?
4 Pourquoi est-ce que Robert ne fait pas la vaisselle?
5 Est-ce qu'il croit que les hommes français sont à la hauteur pour aider leurs femmes?
6 Est-ce que son père aide sa mère à la maison?
7 Que fait Bertrand pour aider sa mère?
8 Et Valéry, qu'est-ce qu'elle fait à la maison?

faire la vaisselle to do the washing-up
l'aspirateur hoover
comme ci comme ça so so
d'après toi in your opinion
être à la hauteur to be equal to, up to
autant que as much as
mettre le couvert to lay the table
faire la lessive to do the washing

Tu fais la vaisselle – oui ou non?!

Put a couple of friends on the spot! Let's see just how equal the sexes are. Ask two boys and two girls in the class the following questions. Then count up the number of **'Oui'**s. If they are the same, you can count yourselves as truly emancipated!

1 Tu as fait la vaisselle hier?
2 Tu as passé l'aspirateur récemment?
3 Est-ce que tu as mis le couvert ce matin?
4 Est-ce que tu fais la lessive quelquefois?
5 Tu as rangé ta chambre le weekend passé?
6 Hier soir est-ce que tu as fait d'autres travaux ménagers?

Are these jokes sexist? In what way?

— Vous avez besoin de calme et de repos : je vous renvoie à votre bureau.

— L'égalité des sexes ? Aucune chance pour moi... jamais ma femme ne l'acceptera !

A happy mean

Listen to what Mme Héry has to say about the position of women and choose the correct answer:

1 Mme Héry
   a is an out-and-out women's libber.
   b thinks women ought to be equal to men.
   c doesn't think men and women should be equal.

2 She thinks
   a women's rôle is to serve and to give.
   b women should have to do the washing-up all the time.
   c women shouldn't work outside the home.

3 In the evening
   a the non-working wife should let her husband put his feet up.

un juste milieu   a happy mean
gâcher   to spoil
dès que   as soon as
le volant   steering-wheel
détrôner   to dethrone, to take over from
une concurrence   competition
des défauts   faults
se compléter   to be complementary

   b the children should watch TV while the parents clear up.
   c the whole family should help out so they can relax together afterwards.

4 Mme Héry
   a thinks women should smoke in the car.
   b thinks men have their place and women have theirs.
   c thinks women should take over traditionally male jobs.

What's in a name?

Read the article and decide whether the statements below are *true* or *false*. Quote the sentence in the article which tells you.

épouser   to marry
souhaiter   to wish
toutefois   however
à son tour   in his turn

en revanche   on the other hand
la loi   the law
juridique   legal
revendications   demands
interdiction   prohibition
appartenir   to belong

Athènes. – En France, lorsqu'une Mlle Leroy épouse un M. Martin, elle devient «Mme Martin». Si elle le souhaite, et si elle est favorable à une plus grande égalité entre l'homme et la femme, elle peut toutefois continuer à s'appeler Leroy. Ou ajouter son nom à celui de son mari: Leroy-Martin ou Martin-Leroy. L'égalité est complète lorsque le mari décide, à son tour, de porter un de ces noms doubles.

En revanche, la loi ne lui permet pas de choisir le nom de ses enfants. Dernier obstacle juridique aux revendications féministes, cette interdiction, que commentait ainsi Napoléon: «*A qui appartient le fruit? Au jardinier ou à la terre?*» est de plus en plus mal acceptée.

Le Figaro

1 When a woman marries in France, she automatically takes her husband's name.
2 She cannot keep her maiden name even if she so wishes.
3 If she is in favour of greater equality between men and women, she can keep her maiden name.
4 She can have a double-barrelled name but the husband's name must come first.
5 To achieve complete equality, the husband can have a double-barrelled name too.
6 A woman may also choose the surname of her children.
7 This prohibition is the last obstacle standing in the feminists' way.
8 Napoleon reckoned that mothers had more claim to their children than fathers did.
9 People are coming more and more to accept Napoleon's point of view.

The opposite sex

Here is a letter from the problem page in the teenage magazine *OK!* Read it and answer the questions on the opposite page in French.

nous, nous vous comprenons

Votre flirt vous a quitté(e) ... Vous vous sentez seul(e) et désemparé(e) parce que vos parents ou vos amis ne vous comprennent pas ... Alors, confiez vite vos problèmes en écrivant à OK! les lecteurs, «Nous, nous vous comprenons», B.P.56-08, 75362, Paris-Cedex 08. Nous vous aiderons à les résoudre. (N.B.: Nous recevons des centaines de lettres par semaine, et il nous est donc impossible de toutes les publier, mais parmi les divers problèmes exposés dans cette rubrique, vous trouverez sans doute une réponse pouvant convenir au vôtre.)

Luc X., Courbevoie:
«J'AI PEUR QU'ELLE ME REPOUSSE»

J'ai dix-sept ans et demi et je suis un fan de OK! dont j'apprécie les conseils. A mon tour d'en solliciter un. Voilà: je suis apprenti mécanicien; depuis deux mois environ, j'ai remarqué une fille super qui doit habiter dans le voisinage du garage où je travaille car elle passe devant au moins trois ou quatre fois par jour. Elle me plaît beaucoup et je ne pense pas lui être indifférent car elle jette souvent un regard dans ma direction. J'ai follement envie de lui adresser la parole mais j'ai peur qu'elle me repousse. D'après sa façon de s'habiller, elle a l'air d'un milieu aisé alors que, moi, avec ma salopette tachée de cambouis, j'ai une allure minable. Je vous en prie, conseillez-moi vite.

La réponse de OK!

Cher Luc, cesse de te complexer à propos de ta tenue de travail! Elle est tout à ton honneur et sache que les jeunes filles sont plutôt sensibles au charme des mécanos qui «trafiquent» les moteurs des motos et des voitures ... Il y a des pimbêches bien sûr, mais pour savoir si ta jolie inconnue en fait partie ou non, il n'y a pas trente-six solutions. Il faut que tu te décides à soutenir son regard d'abord, à lui sourire ensuite et à la saluer enfin. Il n'y a que le premier mot qui coûte. Ose le prononcer. Si tu ne lui plais pas, elle te le fera comprendre en changeant de trottoir. Et dans ce cas-là, intéresse-toi aux autres charmantes passantes ... ou aux filles que tu ne dois pas manquer de rencontrer en dehors de ton job, alors que tu es «tout propre, tout mignon». Bonne chance Luc et merci d'être fidèle à OK!

sensible à sensitive, open to
trafiquer to trade in
des pimbêches unpleasant women, 'old boots'
soutenir son regard to catch her eye
saluer to greet
oser to dare
les conseils tips, pieces of advice
solliciter to ask for
repousser to snub
d'un milieu aisé from a wealthy family
tachée de cambouis covered with grease marks
j'ai une allure minable I look pathetic
la tenue clothes, get-up

«Elle passe souvent devant le garage où je travaille»

La lettre de Luc:

1 Luc X., quel âge a-t-il?
2 Que fait-il dans la vie?
3 Où habite-t-elle, la fille super qu'il a remarquée?
4 Pourquoi croit-il qu'il ne lui est pas indifférent?
5 Qu'est-ce qu'il voudrait faire?
6 De quoi a-t-il peur?
7 De quoi a-t-il honte?

La réponse de OK!

8 D'après *OK!*, quels sont les sentiments des jeunes filles envers les mécanos?
9 Est-ce qu'il y a trente-six moyens de découvrir si les mécanos lui plaisent ou pas?
10 Qu'est-ce que le magazine *OK!* lui conseille de faire?
11 Qu'est-ce qu'elle ferait s'il ne lui plaisait pas?
12 Et qu'est-ce qu'il devrait faire dans ce cas-là?

Breaking the ice

Luc manages to pluck up enough courage to engage the girl in conversation. Luckily something falls out of her shopping basket so he has the perfect excuse to go up to her. When he gets home, he decides to write it all down so as not to forget a single word! But he's so excited, he gets all the words jumbled up. Can you unscramble them to make a sensible conversation? Write the conversation down, then act it out in pairs.

Luc: moi, mademoiselle Excuse-. as tomber Tu quelque chose laissé.
La jolie inconnue: merci vrai oui Ah c'est.
Luc: très es Tu aujourd'hui pressée.
La jolie incoonue: chez rentre moi maintenant je Oui.
Luc: tu habites-Où?
La jolie inconnue: à rue ici, première Juste la gauche.
Luc: bon Ah. là numéro habite aussi, sœur dix-huit ma.
La jolie inconnue: vrai C'est?! voisine alors ma C'est. très Elle sympa est.
Luc: ce la visiter soir vais Je. que peux passer te je aussi Est-ce voir?
La jolie inconnue: sûr Mais bien. heures huit A?
Luc: accord D'. toute à A l'heure.
La jolie inconnue: revoir Au.

Essay

On the tape Mme Héry remarked that: 'Les femmes sont faites avec des qualités et des défauts et une nature qui complètent celles de l'homme, j'estime qu'on doit se compléter, on est fait pour se compléter, mais pas pour se remplacer.'

Do you agree that woman's rôle in life is simply to be man's 'other half'? Write one or two paragraphs in French in which you express your opinion, entitled **L'égalité des sexes**.

24 La centrale nucléaire

Listen to the passage and choose the correct answer.

1 The nuclear power station was intended to be
  a a major feature of the coast-line.
  b built into the cliffs, half on land, half in the sea.
  c completely submerged under the sea.

2 In the end the domes of the nuclear reactor
  a were full of rocks.
  b were visible.
  c were buried in the soil.

3 The people of Plogoff
  a began to suffer from headaches.
  b went to the exterior.
  c opposed the power-station.

4 The construction of the power station
  a was begun when François Mitterrand was elected.
  b was abandoned because of local pressure.
  c was continued – the builders had already been engaged.

à moitié half
enterrée buried
le sol soil
la falaise cliff
ce qui se passait what happened
malgré tout despite all this
les dômes domes
les rochers rocks
laisser monter la tête to be stirred up by
de l'extérieur from outside
dû à due to
annuler to cancel
engagés de committed to
souhaiter to wish, want
à proximité nearby
actuellement at the moment
un avis opinion
le lieu place
sur un plan . . . from a . . . point of view
druidique druidical
c'est-à-dire that is to say
ancienne ancient
en définitive in short, in a word
à savoir in other words
une valeur value
une hérésie heresy

5 Giscard d'Estaing envisaged
  a purely the production of a lot of electricity.
  b the creation of a number of new jobs.
  c the industrialization of the region round Quimper and Douarnenez.

6 At the moment there are
  a a great many possibilities for employment in the region.
  b very few possibilities for employment in the region.
  c adequate possibilities for employment in the region.

7 Gérard (the second speaker) thinks that
  a the power station would have created employment.
  b the site was suitable from a technical point of view.
  c the site was unsuitable from a cultural point of view.

8 He says building the nuclear power station at the Pointe du Raz
  a was a purely cultural plan.
  b would disturb the present-day druids who live there.
  c was like building one at Stonehenge or St Peter's.

Une hérésie aussi culturelle que technique

Gérard was being interviewed by the press on his views about the nuclear power station. You've been asked to write down what he said. Copy out the passage below, filling in the blanks. Then listen to the passage once more for any words you have missed.

Moi personnellement, je suis d'un _____ différent. Je ne pense pas qu'une centrale nucléaire aurait apporté des _____. Maintenant le lieu même choisi par l'Electricité de France était pour moi un lieu qui ne répondait pas sur un plan _____ spécifiquement à une centrale nucléaire. Maintenant d'un autre _____, sur un plan purement culturel, le lieu choisi était pratiquement un lieu _____, c'est-à-dire un lieu d'une ancienne _____ et en _____ pour mon problème culturel à moi, c'est comme si on avait voulu _____ une centrale nucléaire en _____ à Stonehenge par exemple ou sur la cathédrale de Chartres ou, pourquoi pas, à St Pierre de _____ à savoir que sur un plan religieux, la Pointe du Raz a une certaine _____ reconnue dans le monde entier, donc c'était peut-être une hérésie aussi culturelle que _____.

Arguing it out

Find the French equivalents in the text for:
1 Personally, I'm of a different opinion.
2 I do not think that ...
3 On the other hand ...
4 From a purely cultural point of view ...
5 ... that is to say ...
6 Finally, to sum up ...

A discuter ...

Using the phrases above (not necessarily **all** of them!), write a paragraph in which you argue against the statement that **Les animaux n'existent que pour le bien de l'homme**. Discuss your views with your friends.

Ecology and conservation

A few miles up the coast from Plogoff where it was planned to build the nuclear power station, there is a nature reserve and bird sanctuary – the **Réserve Michel-Hervé Julien**. Read the brochure on the page opposite and answer the following questions in French:

1 Est-ce que les naturalistes ont découvert les falaises de Cap Sizun vers **a** 1750 **b** 1800 **c** 1850?
2 Quel genre d'oiseaux s'y trouvent-ils?
3 Est-ce que la population mondiale de ces oiseaux s'est élevée entre 1930 et 1959?
4 En 1959, quel projet menaçait le site de Cap Sizun?
5 Qu'est-ce qui avait été créé depuis peu?
6 Qu'est-ce qu' a fait Michel-Hervé Julien?
7 Qu'est-ce qu'a fait le département du Finistère en 1973?
8 Où se trouve la réserve exactement?
9 Est-ce que la réserve est ouverte au public?
10 Est-il permis de grimper sur les falaises?
11 Qui est là pour vous donner des informations?
12 Est-ce qu'il vaut mieux sortir en groupe?
13 Selon vous, quel est le «matériel optique» dont on peut se servir?
14 Quelle règle générale faut-il observer pendant la visite de la réserve?
15 L'entrée des chiens est-elle interdite?
16 Dans quel sens est-ce que la visite est un peu incertaine?
17 Dans quels mois de l'année vaut-il mieux visiter la réserve?
18 Dès quel mois de l'année est-ce que les oiseaux commencent à faire leurs nids?
19 Pourquoi les visites ne se font-elles que depuis le 15 mars?
20 De quelle façon est-ce que la réserve tire profit du droit d'entrée?

les falaises   cliffs
espèces   species
régresser   to drop in numbers
SEPNB   Société pour l'Etude et la Protection de la Nature en Bretagne
parvenir   to succeed
mettre sur pied   to set up
se porter acquéreur   to buy
faire face à   to be opposite
le large   open sea
des tronçons   narrow spits of land
englober   to include
les îlots   islets
à partir de   from
balisés   marked out
soit … soit …   either … or …
des gardes   keepers
des animateurs   guides
mis à disposition   put at your disposal
des bruyères   heathers
la cueillette   gathering, picking
proscrite   prohibited
sont soumises à   are subject to
réagir   to react
un aléas   risk
réoccuper   to re-occupy
la nidification   nesting
débuter   to start
se cantonner   to establish their territories
la quiétude   peace
préalable   before this
préjudiciable   harmful
sanctionné   penalized
le droit d'entrée   entrance fee
faire face à   to meet
les dépenses   expenses

VISITE – CONSEILS

L'observation des oiseaux se fait strictement à partir des chemins balisés, soit individuellement, soit avec le support des informations des gardes et des animateurs, et ce avec le matériel optique mis à disposition.

Le respect des oiseaux et du milieu en général (fleurs, bruyères dont la cueillette est interdite) est à la base de la visite.

Pour ces raisons, l'introduction de chien est proscrite.

Patience et curiosité sont nécessaires à la parfaite appréciation de la réserve. Les espèces sont soumises à des cycles de présence particuliers, réagissent aux différentes conditions de temps. De ce fait, la visite comporte une part d'aléas.

La meilleure période de visite se situe entre le 15 avril et le 15 juin.

Certaines espèces réoccupent progressivement dès le début de l'année leurs sites de nidification. Mais les visites ne débutent que le 15 mars, ceci pour permettre aux colonies de se cantonner en toute quiétude. Tout dérangement préalable est préjudiciable et peut être sanctionné.

Le droit d'entrée demandé doit être interprété comme étant une façon d'aider notre association à maintenir cette réserve et à faire face aux dépenses de son fonctionnement.

HISTORIQUE – LOCALISATION

Dès le milieu du siècle dernier, les falaises de la commune de Goulien en Cap Sizun sont connues des naturalistes. Les oiseaux marins y abondent. Vers 1930, les rapports des ornithologues parlent de 'milliers' de Pingouins et de Guillemots. En 1959, alors que ces espèces régressent rapidement et qu'un projet de route menace le site, Michel-Hervé JULIEN et la SEPNB nouvellement créée parviennent à mettre sur pied la réserve ornithologique du Cap Sizun. En 1973, le départment du Finistère se porte acquéreur des terrains.

Située sur la côte nord du Cap Sizun, à 8 kilomètres à vol d'oiseau de la Pointe du Van, elle fait face aux Tas de Pois (autre réserve de la SEPNB) et est idéalement placée entre le large et la baie de Douarnenez. Formée de plusieurs tronçons, elle englobe les falaises et îlots les plus riches du secteur. Seule la partie Est est partiellement ouverte au public.

Transcripts of recorded material

1 La Manche

What's on offer?

Bienvenu à bord du St Christopher de la Sealink. Sur le pont de passagers principal vous trouverez une cafétéria servant des repas, un bar où vous pourrez consommer des boissons à des prix spéciaux, des magasins offrant une vaste gamme de produits à prix réduits: vins, spiritueux, tabacs, parfums, confiserie, souvenirs et cadeaux, un bureau de change, des installations spécialement prévues pour les handicapés, une salle pour les personnes accompagnées d'un bébé, un centre d'information pour automobilistes et une salle vidéo pour vous distraire. Sur le pont de passagers supérieur, un snack-bar sert des casse-croûtes chauds ou froids, des sandwichs, du thé, du café et des boissons non-alcoolisées.

Landing arrangements

Votre attention, s'il vous plaît. Le débarquement se fera de la façon suivante: les passagers voyageant à pied sont priés de rester à l'intérieur et d'attendre que nous leur indiquions l'endroit d'où ils débarqueront: les passagers voyageant dans le car ou en voiture sont priés de regagner maintenant leur véhicules. Nous vous rappelons qu'il est interdit de fumer sur les ponts de véhicules. Nous espérons que vous avez fait une agréable traversée à bord du St Christopher et que nous aurons une nouvelle fois le plaisir de vous accueillir à bord d'un bateau de la Sealink.

2 L'hôtel

Booking a room

Jean-Robert: Bonjour, madame. Excusez-moi de vous déranger. Est-ce que vous auriez une chambre pour deux personnes, s'il vous plaît?
L'employée: Pour aujourd'hui?
Jean-Robert: Oui, pour aujourd'hui. Pour ce soir.
L'employée: Oui, oui, c'est possible, monsieur.

Jean-Robert: C'est possible. Et je pourrais avoir la chambre pour trois nuits?
L'employée: Attendez, je vais regarder sur mon planning.
Jean-Robert: D'accord.
L'employée: Oui, oui, c'est possible, monsieur.
Jean-Robert: Et c'est une chambre à deux lits ou . . .?
L'employée: Comme vous voulez. On a des chambres à grand lit et des chambres à deux lits.
Jean-Robert: A deux lits, oui.
L'employée: Vous préférez à deux lits?
Jean-Robert: Oui, à deux lits.
L'employée: Alors, c'est possible, monsieur.
Jean-Robert: Et avec douche?
L'employée: C'est avec bain et douche. Elles sont toutes avec bain et douche, les chambres doubles.
Jean-Robert: Bain et douche, très bien.
L'employée: Est-ce que c'est pour vous?
Jean-Robert: C'est pour moi, oui.
L'employée: Si vous êtes d'accord, je vous demanderai de remplir votre fiche.
Jean-Robert: Bien sûr. Quel est le prix, s'il vous plaît?
L'employée: C'est 440F, petit déjeuner, service et taxes compris.
Jean-Robert: Comprise. Très bien. Et . . . pour prendre le dîner, on peut le prendre ici?
L'employée: On n'a pas de restaurant. Vous n'avez que le petit déjeuner en chambre ou au salon comme vous voulez . . . mais pas de restaurant. Mais il y a beaucoup de restaurants dans le coin.
Jean-Robert: Très bien. Merci beaucoup, madame.

3 Le métro et Montmartre

To Montmartre by métro

K.B.: Excusez-moi, monsieur, pour aller à Montmartre, s'il vous plaît?
Un passant: Alors, Montmartre, voyons, c'est métro Abbesses. Vous prenez le . . . le métro à

Porte Dauphine là, jusqu'à Pigalle direction Nation, vous changez à Pigalle. Vous prenez la direction Porte de la Chapelle et vous descendez au prochain arrêt, station Abbesses.

K.B.: Voulez-vous répéter ça, s'il vous plaît? Alors, c'est . . .

Le passant: Porte Dauphine, donc là-bas. Direction Nation jusqu'à Pigalle. Et à Pigalle vous changez pour Porte de la Chapelle et vous descendez à Abbesses.

K.B.: Bon. Merci beaucoup, monsieur. Merci.

Le passant: De rien.

La Basilique du Sacré-Cœur

K.B.: Madame, qu'est-ce qu'il y a à voir à Montmartre?

Patricia: Il y a la basilique dont beaucoup de personnes ont entendu parler, je suppose, que l'on accède par différents, enfin de différents moyens: si on est paresseux, on prend le funiculaire et on arrive directement près de la basilique ou si on est un peu moins paresseux, à ce moment-là, on monte à pied, ça prend à peu près une dizaine de minutes. . . Il y a aussi une place qui est très connue, la Place du Tertre où se réunissent une grande quantité d'artistes et si vous le désirez même, vous pouvez avoir votre portrait de fait à la minute enfin je crois que ça prend à peu près dix minutes. Aussi pour les gens qui sont intéressés par la pétanque un petit peu plus loin, pas très loin de la place du Tertre, vous pouvez voir les joueurs de boules, il y a souvent des compétitions, Alors ça, c'est disons le haut de Montmartre. Le bas de Montmartre, il y a énormément de boutiques . . . des boutiques assez spécialisées dans toute la . . . si on est intéressé par la nourriture marocaine ou arabe, vous avez tout le choix et aussi pour les vêtements, c'est un quartier assez peu . . . assez peu cher et c'est intéressant pour faire ses courses.

4 L'auberge de jeunesse

What's included

K.B.: Quel est le prix pour une nuit à l'auberge de jeunesse de Quimper?

Mme Morillon: La nuit à l'auberge de jeunesse de Quimper coûte 25F, c'est le tarif d'une auberge bien aménagée en France.

K.B.: Oui, alors, ce prix comprend-il le petit déjeuner, le dîner?

Mme Morillon: Ce prix comprend simplement l'utilisation des locaux et la nuit à l'auberge. Les douches sont libres, la cuisine individuelle est libre, les gens peuvent se servir comme ils veulent.

K.B.: Oui, c'est excellent. Et . . . est-ce que les draps sont inclus ou est-ce qu'il faut apporter un sac de couchage ou . . . ?

Mme Morillon: Il faut apporter un sac de couchage de préférence surtout si on voyage dans différentes auberges, sinon on peut louer un sac de couchage dans l'auberge au prix de 8,60F.

K.B.: Oui. Et quelles sont les règles de la maison, madame?

Mme Morillon: Alors les règles de la maison, ben, il y en a le moins possible. Il faut donc laisser les lieux propres derrière soi pour que ceux qui arrivent ensuite puissent se trouver bien tout de suite. Il faut rentrer le soir avant onze heures parce que nous sommes en ville et nous sommes obligés donc de fermer l'auberge pendant la nuit, mais en Bretagne, les auberges qui sont à la campagne sont ouvertes nuit et jour parce qu'il n'y a pas de problème avec l'extérieur. Sinon je ne vois pas spécialement d'autres règles sauf que . . . il faut faire attention aux autres, quoi, et ne pas déranger non plus.

Why Quimper?

K.B.: Alors vous êtes venu à l'auberge de jeunesse à Quimper pour passer des vacances. Pourquoi?

Jean-Philippe: Ben, d'une part parce que je faisais un tour de Bretagne en voiture et puis nous avions une tente, mais comme il pleut pas mal et puis il pleut beaucoup et nous avions du mal à porter la tente sous la pluie, donc on a pris une auberge de jeunesse et puis celle de Quimper est très bien à notre avis et la région est très touristique et très intéressante au point de vue archéologique et historique. Donc on s'est arrêté à Quimper. Voilà.
                                          . . .
Mais surtout ce qui est intéressant dans une auberge de jeunesse, c'est que c'est un lieu de rencontre, un lieu de rencontre entre plusieurs nationalités. C'est très intéressant justement de parler plusieurs langues et puis d'avoir plusieurs

avis sur telle question dans différentes langues. Je trouve que c'est au moins le point le plus important d'une auberge de jeunesse.

ne se présente généralement qu'une heure avant le coucher du soleil. La Tour Eiffel se visite tous les jours de 10h30 à 17h ou, en saison, de 10h à 17h30 quand vous avez accès aussi au troisième étage.

5 Les bateaux mouches

Asking for information

K.B.: Je voudrais faire une promenade sur la Seine. Qu'est-ce qu'il faut faire?
L'hôtesse d'accueil: Ouai. Vous allez directement au Pont de l'Alma. J'ai le dépliant ici. Pas besoin de réserver. Vous avez les horaires là. Vous en avez à onze heures, quatorze heures trente, seize heures et ça dure à peu près une heure, le voyage. On fait ce trajet-là. Vers l'Ile de la Cité, l'Ile St Louis et on revient par la Tour Eiffel.
K.B.: Et quel est le prix?
L'hôtesse d'accueil: Quinze francs.
K.B.: Merci. Et pour aller au Pont de l'Alma?
L'hôtesse d'accueil: D'ici? Vous allez à pied, hein? Vous descendez la rue. Vous voyez, nous sommes ici sur les Champs Elysées. Vous descendez la rue Georges V. C'est dix minutes à pied à peu près, hein. Ce n'est pas la peine de prendre un métro, d'ailleurs.
K.B.: Bon. Merci.
L'hôtesse d'accueil: Je vous en prie.

La Tour Eiffel

Le guide: A votre gauche vous pouvez voir la Tour Eiffel, qui est un des monuments parisiens le plus universellement connu. A l'époque, c'était, avec ses 300 mètres, le plus haut édifice du monde. Depuis, plusieurs gratte-ciel et tours de télécommunication l'ont dépassée. Chef-d'œuvre de la construction métallique, la Tour Eiffel reste le témoin de l'Exposition Universelle de 1889. Tandis que la charpente métallique de la Tour pèse 7000 tonnes, la charge sur le sol est de quatre kilos par centimètre, soit celle qu'exerce un homme assis sur une chaise. Pour la repeindre tous les sept ans, il ne faut pas moins de 52 tonnes de peinture. Il y a 1652 marches et trois plates-formes. Sur les deux premières plates-formes vous avez restaurants et salons de thé: de la troisième, vous avez une vue très étendue sur Paris et ses environs qui peut porter jusqu'à 67 kilomètres. Mais il est rare que l'atmosphère le permette. La meilleure visibilité

6 La poste

Buying stamps

Jean-Robert: Bonjour, mademoiselle.
L'employée: Bonjour, monsieur.
Jean-Robert: Je voudrais des timbres pour l'Angleterre, deux cartes et une lettre.
L'employée: Alors, attendez, hein . . . Alors, les cartes postales pour l'Angleterre, c'est 1,60F.
Jean-Robert: 1,60F, oui.
L'employée: Et les lettres, c'est . . . c'est 2,10F.
Jean-Robert: 2,10F. Bien, je pourrais avoir donc . . . merci . . . deux timbres pour cartes et un timbre pour lettres, s'il vous plaît.
L'employée: Alors, deux timbres pour cartes et un timbre pour lettres . . . Ça fait quatre, sept quarante.
Jean-Robert: Merci, mademoiselle.
L'employée: Sept quarante.
Jean-Robert: Je n'ai pas de monnaie, je m'excuse.
L'employée: Voilà. Ça ne fait rien. Sept quarante. Sept cinquante, huit, dix, cinquante et cinquante, cent.
Jean-Robert: Merci, et pour faire un appel téléphonique pour Londres – où dois-je m'adresser?
L'employée: Un appel ordinaire?
Jean-Robert: Oui.
L'employée: Alors ça marche avec des pièces automatiquement dans les cabines téléphoniques là.
Jean-Robert: Même pour Londres?
L'employée: Oui, même pour Londres.
Jean-Robert: Bien, merci, mademoiselle.
L'employée: C'est tout?
Jean-Robert: Oui.

7 Le shopping

Changing money

K.B.: Bonjour, monsieur, vous acceptez les . . . les Eurochèques?

L'employé: Oui, oui.

K.B.: Oui.

L'employé: Donc, il faut libeller le chèque donc en livres.

K.B.: Oui.

L'employé: Donc, maxi . . .

K.B.: Et à quelle attention dois-je écrire le chèque?

L'employé: Euh, Crédit Agricole du Finistère.

K.B.: Crédit Agricole . . .

L'employé: . . . du Finistère.

K.B.: . . . du Finistère. Et quelle est la date aujourd'hui?

L'employé: Le huit avril.

K.B.: Le huit avril. Alors, et je mets euh . . .

L'employé: Maximum par chèque, cinquante livres.

K.B.: Cinquante livres. Alors, comme ça. Quel est le cours du change aujourd'hui?

L'employé: Alors, le cours, c'est 10,49F.

K.B.: Oui, et quelle commission prenez-vous, s'il vous plaît?

L'employé: Euh, 8,50F par chèque.

K.B.: Par chèque. Bon. Alors, voilà.

L'employé: Merci. Alors la carte de chèque.

K.B.: Il faut vous donner mon passeport?

L'employé: Oui, oui, s'il vous plaît, hein.

K.B.: Voilà.

L'employé: Merci. Alors vous inscrivez votre nom, prénom et adresse. Merci. Voilà. Je vous rends ça. Vous passerez à la caisse, s'il vous plaît.

K.B.: Oui. Vous me donnez cinq billets et de la monnaie, c'est ça?

L'employé: Cinq billets de cent francs, et une pièce de dix francs, une pièce de cinq francs, une pièce de un franc. Alors cent, deux, trois, quatre, cinq . . . cinq cent dix, cinq cent quinze, cinq cent seize francs. Voilà. Merci.

Buying basic foodstuffs

L'employée: Alors, j'ai du lait entier frais et du lait stérilisé en carton demi-écrémé.

K.B.: Alors, je prends deux litres de lait entier, s'il vous plaît.

L'employée: De lait frais?

K.B.: Oui.

L'employée: Voilà.

K.B.: Merci. Et aussi du vin blanc.

L'employée: Alors, euh . . . le vin blanc est en litres, c'est du vin blanc ordinaire.

K.B.: Oui, du vin blanc ordinaire, ça va très bien.

L'employée: Un litre.

K.B.: Merci hein. Et aussi du thé. Qu'est-ce que vous avez?

L'employée: Alors, euh, nous avons le thé en doses, il y a 25 doses dans le paquet ou du thé en vrac, des paquets de cent grammes.

K.B.: Alors du thé en doses, s'il vous plaît. Merci. Et du beurre.

L'employée: Alors, nous avons le beurre salé en 500 grammes ou en 250 grammes ou le beurre doux en 250 grammes seulement.

K.B.: Vous avez le beurre salé en 250 grammes?

L'employée: Oui, voilà.

K.B.: Ah oui. Alors je prends celui-ci, s'il vous plaît. Merci. Et enfin du chocolat.

L'employée: Alors, il y a le chocolat à croquer en tablettes de 100 grammes, du chocolat au lait ou du chocolat aux noisettes.

K.B.: C'est en tablette . . . en tablette.

L'employée: De cent grammes.

K.B.: Oui, oui, c'est ça. Merci, madame. Alors, ça fait combien?

L'employée: Alors 34F.

K.B.: Merci. Voilà.

L'employée: Alors, 35 . . . 40F et dix, 50F.

K.B.: Merci, madame. C'est très gentil.

8 La gare

Asking about trains to Paris

K.B.: Bonjour, madame. Quand part le prochain train pour Paris, s'il vous plaît?

L'employée: Alors, le prochain part à 13h 23. Il arrive à 19h 47 à Paris.

K.B.: Voulez-vous répéter, s'il vous plaît?

L'employée: 13h 23. Et il arrive à 19h 47 à Paris.

K.B.: Y a-t-il un wagon-restaurant ou . . .?

L'employée: Il y a un bar Corail.

K.B.: Qui veut dire . . .?

L'employée: C'est-à-dire que vous avez des sandwichs, des friandises aussi et de la boisson.

K.B.: C'est parfait, c'est parfait. De quel quai part-il, s'il vous plaît?

L'employée: Il part de voie numéro . . . une.

K.B.: Voie numéro une. C'est très bien. Et c'est un train direct?

L'employée: C'est un train direct pour Paris, oui.

K.B.: Il ne faut pas changer.

L'employée: Non, non.

K.B.: Très bien.

An overnight train to Nice

K.B.: Je voudrais aller à Nice. Quand part le prochain train pour Nice?

L'employée: En passant par où? Par Lyon? Par Paris?

K.B.: Euh . . . par Lyon.

L'employée: Alors, le prochain part à 13h 23, en changeant à Redon. Vous arrivez à Redon à 15h 34, vous repartez à 15h 40, vous êtes à Nantes à 16h 28, vous avez un changement, vous repartez de Nantes à 16h 42, vous arrivez à Lyon à 23h 08.

K.B.: Est-ce qu'il y a la possibilité d'y aller la nuit?

L'employée: Oui, vous avez un train direct qui va sur Lyon, partant de Quimper à 18h 42. Si vous voyagez donc en couchette, vous êtes à Lyon à 6h 50 et à 9h 43 en places assises, c'est-à-dire que le train est coupé à Nantes et donc les couchettes arrivent plus tôt – ça fait moins d'arrêts.

K.B.: Quel est le prix, s'il vous plaît?

L'employée: En première ou en seconde?

K.B.: En seconde.

L'employée: Pour aller jusqu'à Lyon ou Nice?

K.B.: Jusqu'à Nice.

L'employée: Un aller donc fait 539F en seconde Quimper à Nice, via Lyon.

K.B.: Oui, et aller-retour, ça sera le double.

L'employée: Oui, 1.078F.

K.B.: Oui, alors, c'est très bien, c'est très bien. Euh, alors on part à . . . ?

L'employée: Donc vous partez à 18h 42 de Quimper.

K.B.: Oui.

L'employée: En couchette, vous arrivez à Lyon à 6h 50. Vous repartez de Lyon à 7h 11 et vous arrivez à Nice à 13h 25.

K.B.: Et de quel quai part-il?

L'employée: Alors, 18h 42 il part voie numéro trois, quai numéro deux donc.

K.B.: Merci beaucoup, madame. Merci hein.

9 La faïence bretonne – acheter un souvenir

The local pottery

K.B.: Bonjour, madame. Je voudrais un cadeau pour ma tante. Qu'est-ce que vous avez?

La vendeuse: Alors, vous connaissez un petit peu ses goûts?

K.B.: Oui, je crois qu'elle aimerait beaucoup la faïence bretonne.

La vendeuse: Ah, de la faïence. Bon, ben, j'aurai pas mal de . . . d'articles là. Vous pouvez regarder, hein. J'ai des petites assiettes à dessert, des bols, des pique-fleurs, des mazagrans pour boire le café là euh enfin il y a pas mal de petites choses hein.

K.B.: Et ça se vend séparément?

La vendeuse: Ah oui, oui, oui, ça se vend à la pièce.

K.B.: A la pièce.

La vendeuse: A la pièce, oui. Alors, ça ce sont des bols, des grands bols pour le déjeuner. C'est 22F je pense, c'est ça, 22 ou 24 je ne me souviens plus.

K.B.: (*Looking at price-tag*) Oui, c'est 24F.

La vendeuse: 24F, oui, oui.

K.B.: Alors, je prends un bol comme ça.

La vendeuse: Oui, d'accord. Alors, vous avez le . . . un sujet homme ou alors femme . . . euh . . . non, il n'y a pas la femme euh, oui, je n'en ai plus, je pense je n'ai plus la femme. J'ai la femme dans les tasses mais dans les bols je n'ai plus que l'homme. Remarque de toute façon si vous n'en prenez qu'un seul, ça n'a pas d'importance, hein? C'est ça. Voilà.

K.B.: Oui.

La vendeuse: Bien.

K.B.: Bien.

La vendeuse: Je vais vous l'emballer?

K.B.: S'il vous plaît.

La vendeuse: Voilà.

K.B.: C'est très joli. Et cette faïence se fait ici à Audierne?

La vendeuse: Non, pas à Audierne. Non. Ce n'est pas à Audierne. Ça se fait dans le . . . en Loire Atlantique mais enfin il y a le nom d'Audierne dessus hein. On fait beaucoup de faïence à Quimper. Vous avez dû entendre parler des faïences de Quimper sans doute, non?

K.B.: Oui.

La vendeuse: Oui, mais alors elle est très chère hein. Elle est très chère, oui.

K.B.: Alors, là, c'est un dessin traditionnel

ou . . . ?

La vendeuse: Oui, c'est un dessin traditionnel. Ça représente un paysan . . . ça représente un paysan qui travaille dans son champ . . .

K.B.: Oui, il est très joli.

La vendeuse: Oui, il est joli, ça plaît.

K.B.: Les couleurs sont très vives.

La vendeuse: Les teintes sont très jolies, hein, oui.

K.B.: Merci. Ça fait un petit paquet-cadeau là.

La vendeuse: Voilà.

K.B.: Et un petit sac en plastique.

La vendeuse: Un petit sac en plastique parce qu'avec ce temps de pluie là, ça va quand même vous protéger un petit peu le papier, hein.

K.B.: Merci.

La vendeuse: Voilà, madame.

K.B.: Alors, c'est 24F.

La vendeuse: Alors, 24F oui.

K.B.: Euh . . . 20 et 1, 2, 3, 4.

La vendeuse: C'est bien . . . vous comptez bien.

K.B.: Merci, madame.

La vendeuse: Je vous remercie beaucoup.

La chaumière bretonne

L'hôtesse d'accueil: Il y a différents types d'habitation – l'habitation la plus pauvre était peut-être la maison du pêcheur, une toute petite maison, parfois crépie à la chaux donc recouverte de chaux blanche, très, très basse, très petite, une grande pièce et euh à l'intérieur de celle-ci bon la cheminée, le lit clos souvent, c'est-à-dire donc ce grand lit que l'on fermait sur soi quand on y était et bon tout ce que vous pourrez voir au musée donc comme instruments de la vie quotidienne, comme ameublement – ameublement local.

10 La santé

Asking for advice at the chemist's

K.B.: Madame, j'ai mal à la gorge et je tousse. Est-ce que vous voulez me donner quelque chose?

La pharmacienne: Alors, vous avez mal à la gorge et vous toussez. Alors, je pense que d'abord, bon . . . la première chose que je vais vous demander, c'est si vous avez eu de la fièvre ou non.

K.B.: Non, pas de température.

La pharmacienne: Pas de température.

K.B.: Vous avez des pastilles ou un sirop?

La pharmacienne: Voilà, alors je pense que . . . enfin . . . vous pourrez vous soigner donc en prenant un sirop pour la toux ainsi que des pastilles pour la gorge et puis, bon, ben vous surveiller votre température hein. Si la fièvre monte, à ce moment-là, il sera utile de consulter un médecin.

K.B.: Oui.

La pharmacienne: Oui, bon, alors je pense que je vous conseillerai des pastilles par exemple d'Oroseptol, qui sont des pastilles à sucer contenant si vous voulez bon un petit anesthésique local pour calmer la douleur et un antiseptique . . .

K.B.: Et on ne les avale pas entières alors, on les suce . . . ?

La pharmacienne: On les suce. Oui, dans l'ensemble les pastilles pour la gorge sont plutôt à sucer. Il faut que l'effet soit au niveau de la gorge hein et non pas au niveau de l'estomac.

K.B.: Et les sirops?

La pharmacienne: Et dans les sirops, bon, ben la plupart sont des sirops classiques, disons avec des formules contenant bon de la codéine hein au niveau des centres bulbaires de la toux et puis des composants . . .

K.B.: Il faut le prendre . . . ?

La pharmacienne: Bon, en général, ça se prend par une cuillerée à soupe trois fois par jour hein en dehors des repas.

K.B.: Oui, bon, c'est parfait. Merci hein. Alors, ça fait combien?

La pharmacienne: 19,80F.

K.B.: 19,80F. Voilà.

La pharmacienne: Merci. Voilà.

K.B.: Merci, madame.

11 Le cinéma

What's on?

K.B.: Bonjour, monsieur.

Le gérant: Bonjour, madame.

K.B.: Qu'est-ce qu'on donne cet après-midi?

Le gérant: Alors cet après-midi nous avons trois programmes différents parce qu'ici le cinéma est encore une euh est encore un cinéma si vous voulez assez ancien, parce que nous n'avons ici qu'une seule salle de cinéma qui fait 800 places.

K.B.: Oui?

Le gérant: Alors, c'est pour ça qu'aujourd'hui par exemple nous présentons trois films différents. Nous avons un film pour les enfants qui est Tintin et Milou, n'est-ce pas, «Au Lac des Requins».

K.B.: Il s'agit de quoi?

Le gérant: D'un dessin animé de long métrage . . . dessin animé de long métrage. Ensuite nous avons, à 18h 15 nous avons un film que nous considérons nous comme «art et essai», c'est un film américain «La Maison du Lac» qui est très côté mais qui est donné en version originale. Vous voyez, c'est un film américain que nous donnons en version originale, sous-titrée en français.

K.B.: C'est très bien.

Le gérant: Ah oui. C'est donc une deuxième chose. Et pour finir alors, la séance à 21h, nous passons un film qui sort actuellement à Paris hein, qui est avec Marlène Jobert, Bruno Krémer et Jacques Milleret qui s'intitule «Effraction».

K.B.: Alors Tintin ça commence . . .?

Le gérant: Tintin, Tintin, c'est le célèbre Tintin et Milou de . . ., tiré d'Hergé, qui est malheureusement disparu dernièrement, mais c'est un film pour les enfants, alors c'est un dessin animé de long métrage.

K.B.: La prochaine séance commence à quelle heure?

Le gérant: La prochaine séance maintenant ça va être à 18h 15.

K.B.: 18h 15.

Le gérant: Oui, avec . . .

K.B.: Et le spectacle se termine à . . .?

Le gérant: Ah ben le spectacle ça va se terminer maintenant 18h 15, ça vaut donc six heures et quart, ça va se terminer vers 20h 20.

K.B.: 20h 20.

Le gérant: Oui.

K.B.: Alors c'est très bien.

Le gérant: Oui. Il y a une autre séance à 9h vous voyez.

K.B.: Oui. Ah bon. Alors, merci beaucoup, monsieur.

Le gérant: Je vous en prie, madame. Mon plaisir.

K.B.: Merci.

Do you come here often?

Anne-Marie: Tu vas souvent au cinéma?

Olivier: J'y vais environ deux fois par mois.

Anne-Marie: Quel genre de film préfères-tu?

Olivier: Les films d'anticipation et puis les aventures policiers.

Anne-Marie: Quel film as-tu vu récemment?

Olivier: Euh . . . «E.T.»

Anne-Marie: De quoi s'agit-il?

Olivier: C'est l'histoire d'un extra-terrestre qui est abandonné sur la terre et qui est recueilli par un petit enfant qui se lie d'amitié avec lui.

Anne-Marie: Et ça t'a . . . tu as aimé?

Olivier: Ah oui.

Anne-Marie: Et tu iras le revoir?

Olivier: Oh, je ne sais pas.

Anne-Marie: Et qu'est-ce que tu aimerais aller voir?

Olivier: Les films d'Alfred Hitchcock, j'en ai pas vu souvent, j'aimerais bien.

Making a date

François: Ça te plairait d'aller voir «E.T.» demain soir?

Cécile: Ben, oui, si mes parents veulent, moi je veux bien y aller, mais ça parle de quoi, ça?

François: Ben, c'est l'histoire d'un extra-terrestre, je ne sais pas trop . . .

Cécile: Et qui est-ce qui va?

François: Ben, il y a plusieurs copines de la classe et puis des copins aussi – on sera dans les . . . une dizaine, quoi.

Cécile: Et c'est à quelle heure?

François: La séance de 16h 30.

Cécile: Bon, moi je veux bien y aller mais il faut que je demande à mes parents.

François: Bon, ben, tu demandes et puis euh demain tu me téléphones et puis on arrange ça.

Cécile: D'accord.

12 Bon appétit

Eating habits

K.B.: Les repas en France, qu'est-ce qu'on prend généralement le matin, le midi, le soir?

Patricia: Le matin on prend un petit déjeuner très rapide, on prend souvent du . . . du café au lait ou du café avec une tartine de pain et de confiture, de baguette fraîche, si on a le temps d'aller chez le boulanger. Le midi . . . euh . . .

K.B.: Oh, on ne mange pas les croissants?

Patricia: Oh, on mange les croissants, si, si, on mange des croissants, mais je crois que les gens qui mangent des croissants sont des gens qui ont généralement ... ont le temps d'aller ... d'aller soit à la boulangerie, soit de les faire chauffer dans le ... euh dans la cuisinière ... parce qu'en général, les gens ... les gens sont un petit peu paresseux.

K.B.: Oui, ou pressés.

Patricia: En Angleterre je crois que les gens prennent le temps pour s'habiller, pour prendre le petit déjeuner, mais en France, c'est la panique, on se lève un quart d'heure avant de prendre le métro, ou de prendre sa voiture et puis je crois qu'on avale son petit déjeuner à toute allure. Le midi, alors le midi ça dépend ... mais en général on a une petite ... un plat de résistance ... on a une petite hors d'œuvre, en hors d'œuvre, on a des carottes râpées ou des concombres, plat de résistance, c'est souvent steak-frites, si on va dans un café, et des fois on prend du fromage mais pas souvent, ça dépend du temps, ça dépend du travail que les gens ... que les personnes ont. Et le soir, alors en général, on fait un repas quand même assez ... assez solide.

K.B.: Oui.

Patricia: En général avec de la viande. Donc il arrive souvent que les gens mangent de la viande deux fois par jour. Alors le soir même chose, en hors d'œuvre on mange de la soupe, l'hiver on a tendance de manger de la soupe, même chose, plat de résistance avec de la viande, des haricots verts, par exemple euh ... on mange moins de légumes que les Anglais, c'est-à-dire que on mange de la viande avec des haricots verts, on a souvent un seul choix de légumes. Ça ... je parle de personnes qui sont chez elles, alors que dans d'autres pays, des fois les gens mangent de la viande avec deux ou trois légumes. Je crois que c'est peut-être la beauté d'avoir une belle assiette de toutes les couleurs. Ça dépend.

K.B.: Et par contre j'ai remarqué que les Français mangent beaucoup de ... de salade.

Patricia: Ah, énormément de salade, oui, les Français aiment beaucoup leur salade, ils mangent souvent de la salade le midi, ou même le soir, deux fois par jour, ça dépend.

K.B.: Et quand est-ce qu'on mange de la pâtisserie?

Patricia: On mange de la pâtisserie en général pour le repas du dimanche ou le soir si on est un petit peu plus gourmand, ça dépend, et oui, on mange souvent des tartes, souvent c'est des tartes si on veut.

13 Les vêtements

Buying a T-shirt

K.B.: Bonjour, madame. Je voudrais un T-shirt marin. Qu'est-ce que vous avez?

L'employée: Alors, là, c'est ... vous avez ce modèle ici, qui est coton, qui est pur coton, qui ne rétrécit pas, qui est déjà lavé ... seulement nous n'avons pas toutes les tailles. Par contre nous avons un deuxième modèle qui est ceci qui est beaucoup plus léger et qui rétrécit au lavage.

K.B.: Comment?

L'employée: Qui rétrécit au lavage.

K.B.: Oui, oui, oui.

L'employée: Il faut le laver, il rétrécit d'une taille.

K.B.: Ah bon, oui.

L'employée: Alors tout ça, c'est en coton. Par contre vous avez de la laine. Je vais vous faire voir également ... qui est beaucoup plus épais et qui est beaucoup plus cher. Si c'est un vêtement d'été que vous cherchez, évidemment c'est ceci.

K.B.: Ah oui.

L'employée: Alors, ça c'est cent pour cent, c'est pure laine. Alors là vous avez toutes les tailles hein.

K.B.: C'est pour l'été, alors je préfère celui ...

L'employée: Le modèle plus léger?

K.B.: Oui, le modèle plus léger.

L'employée: Le modèle en coton, quoi.

K.B.: Mais je ne connais pas très bien les tailles françaises. Je crois que je porte du 42.

L'employée: 42 français?

K.B.: Oui. Est-ce que vous pouvez prendre mes mesures ou ...?

L'employée: Ben, vous pouvez l'essayer aussi.

K.B.: Oui, oui. Bon. Je vais l'essayer.

L'employée: Oui. Comment vous sentez? C'est un peu étroit, non? Je pense hein que c'est un peu étroit, oui. Peut-être une taille au-dessus.

K.B.: Quels sont les prix des deux?

L'employée: Alors là il fait 99F.

K.B.: 99F.

L'employée: 99, mais c'est un prix de l'été dernier et alors celui-là, il fait ... 68F, c'est un petit peu moins cher. 68F.

K.B.: Oui. Et pour le laver ... on peut le ...?

L'employée: Le froid de préférence ... et il va rétrécir. Ne vous étonnez pas, c'est un ...

K.B.: Mais on peut le mettre dans la machine à laver?

L'employée: Ce n'est pas tellement à conseiller. Enfin si vous ... il y a beaucoup qui le font ... enfin de toute façon le résultat sera le même, il va rétrécir hein.

K.B.: Il faut le laver à la main?

L'employée: A la main de préférence mais enfin si vous voulez le laver à la machine ... de toute façon il va rétrécir ... et que vous le lavez à la main ça serait pareil.

K.B.: Et la couleur ...?

L'employée: Non, ça ne bouge pas hein ça, ça ne bouge pas du tout. C'est uniquement le ... le tissu qui va rétrécir.

K.B.: Bon. Alors 68F.

L'employée: 68F, oui, madame, merci. 68, 70, 80, 90 et 100 comme ça, madame. Merci.

K.B.: Merci beaucoup hein.

L'employée: Merci. De rien.

14 Les sports nautiques

Wind-surfing – la planche à voile

Robert: C'est variable, hein, c'est fonction d'individu mais euh c'est un problème d'équilibre avant tout, un problème d'équilibre.

Yannick: Un enfant qui fait de la planche à voile on en a: au bout de quatre jours déjà ils savent bien tenir sur la ... sur la planche. Ils n'y arrivent pas très bien encore, ils ne sont pas très bien initiés mais en trois jours ils se débrouillent très bien moi je pense. Puisqu'ils ont l'equilibre, c'est ça.

Robert: Le centre de gravité est plus bas.

Gérard: Une grande personne a peur de tomber, peut-être pour elle aussi peut-être un peu par peur de ridicule, ce qui ne joue pas forcément chez des enfants, c'est-à-dire que la fierté de l'adulte est mise en cause.

Yannick: Oui, il y a ça aussi.

Gérard: Il y a ça aussi, c'est un facteur important.

K.B.: Oui.

Robert: Non, mais enfin un enfant en une semaine par petit vent, il arrive euh à avancer sur une planche hein en une semaine.

Yannick: Souvent on leur donne des voiles qui est ... du matériel qui leur est spécifique finalement, des voiles beaucoup plus petites afin qu'ils puissent s'en tirer normalement.

K.B.: Oui.

Yannick: C'est sûr que nous, còmme on est grand, on a des grandes voiles, des grandes planches, mais comme eux bon ils sont plus petits, moins de force et moins de poids pour pouvoir compenser l'effort du vent dans la voile mais on leur met du matériel plus ... plus petit.

And what should you wear?

K.B.: Et qu'est-ce qu'il faut apporter ... le gilet de sauvetage par exemple?

Yannick: Le matériel est fourni hein le gilet de sauvetage est fourni. Pour les planchistes, c'est-à-dire pour ceux qui font de la planche, la combinaison est fournie donc au point de vue matériel euh une tenue, blue-jean euh, les bottes quoi si possible.

K.B.: Ah les bottes.

Yannick: De préférence, oui.

K.B.: Oui.

Yannick: Pour la voile du moins hein. Les bottes ... les bottes pour la voile mais pas pour le ... parce qu'il y a aussi du canoë ...

K.B.: Oui, alors, qu'est-ce qu'il faut pour le canoë kayak?

Gérard: Eh bien, d'abord pour le canoë kayak il faut des vêtements très chauds. Généralement ce sont des vêtements de laine parce que la laine mouillée reste chaude alors que le coton mouillé est pratiquement toujours glacial. Alors même si les vêtements sont assez vieux ou démodés ou trop petits, cela n'a aucune espèce d'importance, l'essentiel c'est de ne pas avoir froid dans ses vêtements.

K.B.: Ah oui.

Gérard: Alors nous demandons généralement aux parents quand ils amènent des enfants de leur donner suffisamment de vêtements chauds, des vêtements de laine. Alors à la suite de ça, les chaussures ne sont pas utilisées en canoë kayak, je préfère monter nu-pieds. Monter nu-pieds peut avoir des fois des inconvénients quand il y a des morceaux de verre sur la plage par contre on a beaucoup moins froid aux pieds parce que les pieds peuvent sécher à l'air et sécher au soleil alors à la longue – c'est peut-être une méthode un peu de flibustier mais qui convient peut-être mieux aux enfants.

K.B.: C'est vrai.

Gérard: Alors maintenant, au point de vue protection contre le vent, eh bien nous demandons généralement un kway ou tout au moins un vêtement suffisamment imperméable et léger parce que les enfants en canoë aiment bien s'amuser et aiment bien s'arroser avec les pagayes. Donc éventuellement c'est préférable pour la résistance au froid. Alors d'un autre côté, le gilet de sauvetage est obligatoire, les pagayes, les pagayes bien sûr sont fournies par le club, les matériels autres que les vêtements individuels sont fournis par le club.

15 Gîtes ruraux de France

Holiday accommodation

Mme Guinle: Ce que c'est qu'un gîte. C'est une euh ... C'est un ancien logement euh qui a servi donc soit de grange ou bien de bâtiment pour loger des animaux ou bien de Pen Ty comme on appelle ça en breton – un Pen Ty, c'est-à-dire une ancienne maison d'habitation pour des locataires. Et ce bâtiment donc était en mauvais état quand nous nous sommes mariés. Le toit, ben les ardoises s'en allaient les unes après les autres et c'était dangereux, le plancher était pourri, il fallait le refaire. Pourquoi? Pour mettre du grain dessus, ce n'était pas valable pour nous quoi, ce n'était pas valable puisque nous avions beaucoup de vaches laitières et nous ne faisions que ... que l'élevage donc nous n'avions pas besoin de grain. C'était plutôt l'élevage puisque nous achetions la nourriture, nous achetions l'aliment pour donner aux bêtes. Alors euh nous nous sommes décidés en 73 donc à transformer ça en gîte. Nous avons donc commencé ça en 73 et euh ça a été habité pour la première fois en juillet 74, alors ça comprend donc un ... un séjour-cuisine, une salle d'eau, un W.C. et deux chambres hein ... pour une famille de quatre à cinq personnes.

...

K.B.: Et à votre avis pourquoi est-ce que les gens viennent passer leurs vacances en gîtes?
Mme Guinle: Pourquoi? parce qu'ils sont sûrs de trouver de bonnes locations, propres, convenables et correctes; parce que les gîtes c'est quand même des locations qui sont contrôlées. Avant qu'un gîte n'ait le droit d'être habité et avant qu'il n'ait le label «gîte», il est contrôlé par une équipe.
K.B.: Qu'est-ce que ça veut dire?
Mme Guinle: C'est-à-dire qu'il y a une équipe d'administrateurs qui passent avec un responsable donc de l'accueil rural et euh quatre ou cinq administrateurs quoi hein, des responsables si vous voulez qui passent pour contrôler euh ... comment le ... tout quoi hein tout, pour tout contrôler, bon ben l'aspect

intérieur, extérieur, ensuite la literie, est-ce que les lits sont en bon état, les matelas, est-ce que ça va ou quoi hein, la vaisselle et puis cuisinière et puis est-ce que tout fonctionne bien, parce qu'il y a certains gîtes qui au départ ont eu trois épis il y a de ça dix ans. Il y a eu des réclamations donc depuis et quand l'accueil rural est allé le voir eh bien le gîte n'avait pas eu d'entretien depuis dix ans. Aucune peinture, aucune tapisserie n'avait été refaite ni rien et le ménage n'était pas fait à fond. Alors on leur a enlevé un épi.
K.B.: Ah oui. Alors comme ça on est sûr d'avoir de la qualité.
Mme Guinle: C'est ça, oui. Le label «gîte» c'est le label qualité si vous voulez quoi hein.

16 La mode

A teenager's view of fashion

Jacques: Alors, tu t'intéresses quand même à la mode un petit peu?
Françoise: Je la suis mais ... de loin, pas vraiment.
Jacques: Et à ton avis, pour toi, aujourd'hui, c'est quoi, la façon typique, enfin moderne d'être habillée pour les Françaises?
Françoise: Bon. Il y en a beaucoup, ça dépend des gens ... de la personne, mais la dominance, c'est surtout la jupe, mini-jupe.
Jacques: Et tu connais différentes modes ... par exemple la mode punk, etc. Est-ce que tu peux me dire ce que tu en penses?
Françoise: Moi, je préfère la mode punk à la mode funky mais ...
Jacques: Tu as une raison? Ou alors ...?
Françoise: Non. Je n'aime pas du tout funky, c'est pour ça.
Jacques: Bon. Et alors tu vas quand même quelquefois en boîte ou tu fais des boums, qu'est-ce que tu portes quand tu sors, quoi?
Françoise: Les habits de tous les jours, je n'ai pas vraiment d'habits pour le soir, c'est-à-dire, un jean et les baskets.
Jacques: Tu es toujours en jean et baskets?
Françoise: Oui.
Jacques: C'est ta façon à toi d'être à la mode?
Françoise: Bon. Je pense que les jeans, c'est toujours à la mode ... les tennis aussi.
Jacques: Alors, est-ce que pour toi, à ton avis, les

Françaises se préoccupent beaucoup de la façon dont elles sont habillées?

Françoise: Oui, beaucoup trop pour moi.

Jacques: Beaucoup trop? Toi, tu te vois très bien partout en jean et baskets.

Françoise: Tout à fait.

Jacques: Et si la mode devait changer, qu'est-ce que tu verrais comme mode?

Françoise: Ça, je n'en sais rien.

Jacques: D'accord. Merci.

Classic French elegance

Mme Héry: Oui, je m'intéresse à la mode mais si vous voulez je reste dans le goût un peu classique quand même avec un point de petite fantaisie de temps en temps mais si vous voulez je ne m'habille pas par rapport à la mode, je m'habille par rapport à ce qui me va parce que je ne suis pas . . . si vous voulez, on ne peut pas mettre n'importe quoi sur n'importe qui. Vous avez des gens qui ont la facilité de s'habiller ultra-moderne et très excentrique et cela leur va très bien. Moi, je crois que je suis obligée de rester dans le . . . dans une partie assez stricte avec des petits points de fantaisie parce que je suis dans un milieu où quand même on ne doit pas rester en arrière, puis on voit plein de choses, on vit en ce moment dans des couleurs, dans des choses qui sont des fois atroces, mais enfin on est quand même dans une pointe dans la danse, dans la partie artistique, les gens s'habillent au dernier cri, et bon vous êtes un petit peu balancé aussi là-dedans. Vous ne voulez pas rester . . . mais je ne veux pas non plus être ridicule. Je suis la mode mais en restant un petit peu dans mon style et puis ce qui me va aussi. Ce qui ne me va pas, je ne veux pas le mettre, même si c'est la mode, vous voyez.

17 La pêche

Times have changed

Gérard: A une certaine époque on pouvait dire que le tiers de la population travaillait de la mer, c'est-à-dire Douarnenez qui est un port pas très éloigné d'Audierne mais qui travaillait en parallèle pour une population de dix mille personnes, il y a un siècle euh trois mille à quatre mille personnes vivaient de la mer c'est-

à-dire, soit comme pêcheurs soit dans les conserveries et les sardineries. Maintenant que les conserveries sont fermées, euh le poisson ne peut être vendu que frais puisqu'il n'est plus récupérable directement par les sardineries, par les conserveries.

Robert: Non.

Gérard: Alors euh naturellement euh la mécanisation aussi n'a pas permis une évolution sur le terrain comme elle aurait pu être souhaitable, à savoir, un sardinier avait un équipage de quatorze hommes, naturellement ces gens naturellement, vu le contexte économique, ne peuvent plus travailler dans des conditions normales tout au moins pour la vie d'une région. Le langoustier euh il y a une trentaine d'années était composé de huit hommes d'équipage, le thonier un peu moins, six hommes d'équipage. Le sardinier revenait pratiquement tous les jours, le langoustier partait huit jours en pêche, le thonier trois semaines. Les conditions y ont changé, maintenant beaucoup de bateaux travaillent au chalut et naturellement les bateaux n'ont peut-être plus la beauté qu'ils avaient avant puisque maintenant on trempe surtout sur des bateaux à pont couvert qui n'ont plus d'esthétique à mon sens des anciens bateaux.

Robert: Les conditions de travail sont améliorées aussi.

Gérard: Voilà.

Robert: Il faut voir ça.

Gérard: Les conditions de travail sont améliorées—

Robert: Mais le danger est multiplié.

Gérard: Le danger est multiplié parce que les anciens bateaux étaient beaucoup plus stables que les bateaux utilisés actuellement.

K.B.: Oui, alors il y a des pours et des contres.

Robert: Oui, c'est certain.

Gérard: Oui, oui, c'est ça, oui.

Robert: Il y a plus de contres que de pours.

Gérard: Il y a plus de contres que de pours.

Robert: Par les bateaux qui se retournent et qui coulent hein il y a pas mal de marins qui disparaissent chaque année hein. Le chalut accroche dans les fonds et le bateau se retourne et coule.

18 La fête

Le Noël – Christmas. Is it so different in France?

Monique: Alors, pour toi, qu'est-ce que c'est, la fête?

Jean-Luc: Oh, pour moi, c'est un rassemblement de gens qui . . . de camarades ou de gens que j'aime bien ou de famille. Tout le monde s'amuse bien et tout le monde est content.

Monique: C'est le Noël ou c'est plutôt un weekend de musique rock?

Jean-Luc: Euh, ben, disons c'est plutôt le Noël, le Noël, ça n'arrive qu'une fois par an.

Monique: Qu'est-ce que tu fais généralement pour fêter le Noël ou le Nouvel An?

Jean-Luc: Oh ben, d'abord il y a un très bon repas. On invite souvent des g . . . le Nouvel An on est, on est quinze à table, on est énormément à table, le Noël on est moins.

. . .

Mme Héry: Mais enfin chez nous, le Noël, c'est quelque chose que j'essaie de conserver le plus possible. C'est peut-être la fête la plus importante pour moi. Euh, je suis assez religieuse, j'ai des convictions un peu religieuses et pour moi, si vous voulez Noël, c'est la naissance de l'année, si vous voulez, c'est le renouvellement de l'année, spirituellement, et c'est une année . . . c'est une soirée où on doit être en famille et ça euh quand j'ai, alors je vais généralement sur la côte où je retrouve quand même tous les vieux amis de mes parents, les vieilles personnes, et je les réunis et je n'aime pas que les gens restent seuls cette soirée-là. Et je reprends l'avion quelques jours après et je refais une fête sur Paris avec toutes les personnes qui sont seules parce que j'estime que . . . passer les fêtes en solitude, c'est très dur.

. . .

Patricia: Alors, en général on va acheter les galettes des rois chez un pâtissier et on peut avoir deux sortes de galettes, soit une galette avec amandes ou sans amandes. Si euh . . . ce qui est important, c'est de dire que dans les galettes, il y a souvent des fèves, des fèves, ce sont des petits . . . des petits bouts de . . . des petits dessins en général, des dessins de Jésus, ou des petits animaux, euh qui sont à l'intérieur de la galette et alors quand on achète la galette, on vous donne deux petites couronnes, une couronne pour ce qu'on veut dire la reine et une couronne pour le roi. Alors quand on mange le repas, qu'on est quatre personnes, on coupe la galette en quatre, et automatiquement il y aura une personne qui aura une fève et lorsque cette personne réalise qu'elle mange la fève, euh, bien entendu elle ne l'avale pas et elle dit «Ah, je suis le roi!» ou «Je suis la reine!» et elle prend une couronne, la met sur sa tête et choisit la deuxième couronne et choisit quel sera son roi ou sa reine.

19 Le syndicat d'initiative

The tourist attractions of Quimper

K.B.: Bonjour, mademoiselle. Qu'est-ce qu'il y a d'intéressant pour le touriste à Quimper?

L'hôtesse d'accueil: Euh, il y a la visite de la vieille ville qui est très intéressante et il y a aussi bien évidemment la visite de la cathédrale. Euh à cela s'ajoute un musée, qui est le musée d'art traditionnel de Bretagne et plus particulièrement du Finistère et aussi tous les musées concernant l'art de la faïencerie.

K.B.: Euh et quel genre d'animation y a-t-il pour les jeunes à Quimper?

L'hôtesse d'accueil: Tout ce que vous pourrez trouver dans une autre ville moyenne puisque c'est une ville moyenne, bon mais en plus ici s'ajoute surtout pendant la saison touristique d'ailleurs, tout ce qui est euh euh folklore . . . enfin tout ce qui est euh . . . Fest Noz, c'est-à-dire les Fêtes de la Nuit avec les instruments donc de la région, les danses de la région et il y a pas mal de jeunes qui ont . . . parce que maintenant c'est un petit peu passé peut-être de mode . . . mais pas mal de jeunes qui participent à ce genre d'activité.

K.B.: Ah oui.

L'hôtesse d'accueil: Voilà. Autrement pour les gens qui aiment la mer, bon, il y a toutes les activités – voile, euh planche à voile euh . . .

K.B.: Où est-ce que ça se fait?

L'hôtesse d'accueil: Sur toute la côte.

K.B.: Oui.

L'hôtesse d'accueil: Sur toute la côte. Sans problème. Surtout la voile.

K.B.: Oui et alors le soir pour les jeunes il y a les . . . bon . . . les fêtes folkloriques – est-ce qu'il y a des discothèques?

L'hôtesse d'accueil: Oui, bien sûr, il y a des

discothèques, il y a tout ce qu'on trouve ailleurs, il y a des cinémas, il y a des bars, il y a des bars euh bon avec parfois un peu d'animation, des chanteurs de blues, de rock, de tout ce que vous voulez hein.

20 Les crêpes

How do you make them?

La propriétaire: Alors, pour faire la crêpe – il y a la crêpe de froment qui est la crêpe sucrée et la crêpe de sarrasin qui est légèrement salée. Alors la crêpe de froment est faite à base de farine de blé ordinaire enfin – pâtisserie – farine de pâtisserie et il y a des œufs – euh une dizaine d'œufs pour un kilo de farine, une euh, du sucre – une livre de sucre et du lait pour délayer. Et la pâte de from . . . de blé noir, c'est du sarrasin, c'est une farine grise et faite à l'eau et y a simplement du . . . de la farine, de l'eau et un peu de sel.

K.B.: Ah bon.

La propriétaire: Oui.

K.B.: Et ça, c'est pour les salées?

La propriétaire: C'est les salées, ça, hein, ça, c'est les salées, qui se font garnies avec du jambon, avec de la saucisse, du fromage, des œufs, du calmar, du poisson, on peut mettre dedans, de l'andouille, de la . . . du lard fumé, enfin beaucoup de choses que l'on peut mettre dedans qui sert de repas.

K.B.: Oui et puis après pour les cuire, qu'est-ce qu'on fait?

La propriétaire: Pour les cuire, on les met sur une plaque très chaude qui est chauffée au gaz ou électriquement – parce qu'il y a des poêles électriques aussi et euh donc on les passe sur la poêle et on les garnit avec du beurre, on met un peu de beurre pour les améliorer.

Ordering a meal in a crêperie

K.B.: Qu'est-ce vous avez comme crêpes, madame? Des crêpes salées, des crêpes sucrées?

La serveuse: Crêpes euh oui, au froment. Il y a des crêpes au froment.

K.B.: Oui.

La serveuse: Et alors vous avez des crêpes donc fromage, euh gruyère, euh qu'est-ce que vous pouvez avoir encore euh, soubise, fruits de mer, campagnarde, euh qu'est-ce que vous avez encore?

K.B.: Qu'est-ce que c'est euh campagnarde?

La serveuse: Campagnarde, c'est fait avec des lardons, des oignons, et cuit dans du vin blanc hein du thym, du laurier, enfin des aromates qu'il faut quoi.

K.B.: Oui, et les crêpes aux fruits de mer ou aux poissons, qu'est-ce qu'il y a? Il y a des calmars?

La serveuse: Oui, il y a calmar, il y a autrement il y a d'autres alors fruits de mer, c'est avec des moules et d'autres fruits de mer, quoi, hein, préparés dans une sauce tomate plus ou moins avec des aromates aussi.

K.B.: Alors, c'est déjà . . . alors pour moi la crêpe fruits de mer et puis aussi une crêpe calmar, s'il vous plaît.

La serveuse: Oui, d'accord. Un fruits de mer et une crêpe calmar.

K.B.: Oui, c'est ça.

La serveuse: Voilà.

K.B.: Et pour boire . . .

La serveuse: Oui, à boire?

K.B.: Qu'est-ce que vous avez?

La serveuse: Bon, il y a pas mal de choses, il y a du cidre, il y a de la bière, il y a, oh la la, il y a plein de choses, c'est marqué, ça doit être . . . ce n'est pas noté là-dessus, madame. Ah si. Voilà.

K.B.: Ah oui. Alors, pour moi, du cidre.

La serveuse: Oui.

K.B.: Et une bière.

La serveuse: Et une bière, oui. Alors une demie cidre ou euh?

K.B.: Oui, un demi cidre.

La serveuse: Un demi. Voilà.

K.B.: Merci, madame.

21 La musique

Asking about preferences

Claude: Aimes-tu la musique?

Jean-Marie: Ah oui. J'aime bien.

Claude: Et quel genre de musique?

Jean-Marie: Ben, surtout . . . le rock.

Claude: Mais quoi? Quels groupes? Je ne sais pas, moi.

Jean-Marie: Oh, pas de groupes en particulier parce que . . . il n'y en a plus tellement en ce moment. C'est plutôt des groupes des années soixantes que j'aime.

Claude: Et tu joues d'un instrument?

Jean-Marie: Non. Aucun.

Claude: Et tu aimerais bien jouer d'un instrument?

Jean-Marie: Oui, j'aimerais bien jouer de la contre-basse.

Claude: Tu as un tourne-disque ou tu écoutes surtout la radio?

Jean-Marie: J'écoute les deux, la radio et le tourne-disque.

Claude: Quelle est la chaîne de radio que tu écoutes le plus souvent?

Jean-Marie: Radio 7.

Claude: Et tu aimes bien?

Jean-Marie: Ah oui, j'aime bien les animateurs et puis il y a une bonne ambiance.

Claude: Tu écoutes uniquement celle-ci?

Jean-Marie: Oh non. Mes parents plutôt ils écoutent les grandes radios genre R.T.L. Moi, je trouve pas ça très bien.

French radio stations

K.B.: Et les chanteurs français?

Patricia: Les chanteurs français – il y en a des bons, il y en a des mauvais. Moi personnellement j'aime bien . . . j'aime beaucoup de personnes comme Brassens euh ou Jacques Brel qui chante des . . . Les paroles de Jacques Brel, ce n'est pas . . . ce n'est pas des . . . comment dit-on? C'est un poète et c'est très beau, c'est magnifique. Mais les chanteurs français qui essaient un petit peu d'imiter les chanteurs anglais, je trouve que la langue française n'est pas bonne pour euh pour ce genre de musique.

K.B.: Oui. Les jeunes Français écoutent surtout la musique anglaise?

Patricia: Ah oui. Si on veut même avoir une idée, il faut . . . il suffit d'écouter la radio – France Inter ou Europe 1, il y a souvent un disque sur deux qui est en anglais sinon deux disques anglais et un disque français.

K.B.: Et ce sont les chaînes qu'écoutent les jeunes Français, France Inter ou . . . ?

Patricia: En général, les gens qui écoutent Europe Numéro 1, sont des gens qui . . . c'est un petit peu partout en France, les gens qui sont plus dans le sud de la France écoutent en général, s'ils aiment la musique enfin des programmes assez intéressants pour se divertir il y a Radio Monte Carlo. Il y a aussi beaucoup de radios qui sont indépendantes qui sont localisées dans de différentes régions commes Rennes ou Lyon. Je ne les ai jamais écoutées mais je crois qu'elles sont assez intéressantes.

K.B.: Oui.

Patricia: Parce que les gens sont plus rapprochés de . . . ils sont beaucoup plus rapprochés de la vie qu'ils mènent, ne serait-ce qu'à Lyon ou à Rennes – ils sont très intéressés d'être au courant de . . . je ne sais pas . . . des problèmes routiers, d'accidents . . . de savoir ce qui se passe au point de vue théâtre, cinéma . . .

K.B.: Oui.

22 La France d'autrefois et d'aujourd'hui

Evenings round the fire

Mme Guinle: Une fois fini de manger le soir eh bien il y avait le feu sur la cheminée ou bien une vieille cuisinière comme mes parents avaient aussi quoi hein. Alors ça chauffait, on avait chaud à la maison euh. Mes grands-parents, ils étaient là aussi, ma grand-mère tricotait, mon grand-père racontait des petits contes bretons quelquefois. Nous, on écoutait, mes parents trico . . . ma mère tricotait, moi, ma foi j'apprenais aussi à tricoter, à crocheter un petit peu, mon père, il regardait le journal, mes sœurs, elles étaient là aussi, elles tricotaient aussi et puis on discutait ensemble. A l'époque des chataîgnes euh on mettait la . . . le grand plateau de chataîgnes sur la table et on mangeait ça avec du cidre doux.

K.B.: Avec du cidre doux.

Mme Guinle: Du cidre doux, oui, puisque c'était l'époque aussi pour faire du cidre.

K.B.: Oui?

Mme Guinle: Oui.

K.B.: Oui, c'est joli.

Mme Guinle: Oui et d'autrefois alors quelquefois on faisait des veillées avec les voisins hein. Les femmes apportaient le tricot, elles tricotaient et les hommes jouaient aux cartes. Après on faisait un thé ou bien un petit café, une tisane avant de partir. Et puis on discutait, on . . . chacun disait la nouvelle, quoi.

K.B.: Et j'ai vu aussi beaucoup de sabots.

Mme Guinle: Des sabots, oui. Avec les personnes âgées, oui. Ma mère porte des sabots.

K.B.: C'est commode?

Mme Guinle: Ah non. C'est chaud oui. Et c'est sain parce que c'est du bois hein donc c'est sain. En mettant un peu de paille dedans, changer la paille, moi je vois mon père et quand il était jeune, il ne portait jamais de chaussettes ni de chaussons. Ben on rentrait à la maison avec les sabots quoi hein. On faisait pas comme maintenant bon ben on rentrait à la maison avec les sabots, on essuyait ça un petit peu et puis ma foi avec les sabots on rentrait à la maison. Mon père, il mettait dans . . . tous les jours de la paille fraîche dans ses sabots et jamais il ne portait de chaussettes ni de chaussons et il avait toujours chaud aux pieds.

K.B.: Oui.

Mme Guinle: Et les anciens Bretons faisaient comme ça hein. Une bonne couche de paille dans leurs sabots et ils avaient chaud.

K.B.: Vous ne portez pas de coiffe?

Mme Guinle: Non, moi je n'ai jamais porté de coiffe.

K.B.: Jamais.

Mme Guinle: Non.

K.B.: Non.

Mme Guinle: Ma sœur ainée, oui.

K.B.: Ah bon.

Mme Guinle: Oui, ma sœur ainée portait la coiffe.

K.B.: Oui.

Mme Guinle: Avec un joli costume brodé quand elle était jeune fille, quoi. Mais depuis non. Ce n'est pas possible, vous comprenez. Comment va-t-on conduire la voiture avec la coiffe?!

23 Le féminisme

Do you help with the housework?

Florence: Est-ce que tu aides ta mère à la maison?
Jean-Pierre: Ça dépend des jours.
Florence: Tu fais la vaisselle?
Jean-Pierre: Pas souvent.
Florence: Et ta chambre?
Jean-Pierre: Ma chambre, oui, tous les matins, quand j'ai le temps.
Florence: Qu'est-ce que tu aimes et qu'est-ce que tu n'aimes pas faire à la maison?
Jean-Pierre: Je n'aime pas faire la vaisselle euh l'aspirateur euh comme ci, comme ça.

Autrement ça dépend de ce que ma mère me propose de faire.

. . .

Sylvie: Est-ce que tu aides ta mère à la maison?
Robert: Oui, de temps en temps.
Sylvie: Tu fais la vaisselle?
Robert: Ah non, il y a un lave-vaisselle.
Sylvie: Tu as de la chance. Qu'est-ce que tu aimes et qu'est-ce que tu n'aimes pas faire à la maison?
Robert: Ben, généralement, faire les tâches domestiques, je n'aime pas beaucoup hein.
Sylvie: D'après toi, est-ce que les hommes français sont à la hauteur pour aider leurs femmes?
Robert: Ah oui. Enfin, moi, chez moi, ma mère travaille, alors mon père est même plus libre, alors il en fait autant que ma mère.
Sylvie: C'est bien.

. . .

Valéry: Est-ce que tu aides ta mère à la maison?
Bertrand: Non, pas à la maison, mais j'achète le pain, je vais acheter du l . . . des boissons, c'est ça. Et toi, qu'est-ce que tu fais?
Valéry: Moi, je fais la vaisselle quelquefois, je mets le couvert, quelquefois je fais la lessive.
Bertrand: Ah bon.

A happy mean

Mme Héry: Ben, c'est-à-dire que je suis d'accord dans un sens que je suis beaucoup pour la femme, si vous voulez, la femme avait . . . devait être l'égale de l'homme, si vous voulez, mais je ne comprends pas qu'on . . . il faut qu'on reste dans un juste milieu, c'est-à-dire qu'on . . . ne doit pas si vous voulez devenir plus que l'homme. On est un peu l'égale de l'homme et puis on a une nature à donner, à servir – la femme est faite pour ça et je crois qu'il ne faut pas gâcher ça, n'est-ce pas, je crois que c'est intére . . . enfin, à mon avis, je défends la femme et je suis prête à . . . je ne conçois pas par exemple que la femme doit être tout le temps être obligée de faire la vaisselle etc., etc., sans que le mari aide pendant qu'elle va travailler dehors. Et puis même si elle est à la maison, j'estime que le soir, bon, ben elle a le droit de partager les joies de la famille. Et j'estime que les enfants comme le mari doivent aider pour essayer que la maman partage leur joie et s'il y a un film à voir à la télévision, ben, qu'elle en profite. Mais à part ça, si vous voulez, par exemple souvent je suis en contact avec des femmes bon, dès qu'elle rentre au volant de leurs voitures, c'est une cigarette, elles veulent détrôner un peu les hommes dans tous les domaines, or j'estime que . . . il ne faut pas le détrôner, on a une concurrence à faire avec lui mais l'homme est quand même l'homme. Les femmes sont faites avec des qualités et des défauts et une nature qui complètent celles de l'homme, j'estime qu'on doit se compléter, on est fait pour se compléter, mais pas pour se remplacer.

24 La centrale nucléaire

A difference of opinion

Yannick: Alors cette centrale nucléaire était vraiment à moitié sur le site terrestre, à moitié sur le site marin et sur la partie terrestre enterrée dans la part . . . parce que cette zone est très haute . . . enterrée dans le sol dans la falaise. Alors, ce qui se passait, c'est que malgré tout les dômes ont dépassé quand même de l'ensemble et il était visible et puis il y avait des problèmes de rochers bon puis qui auraient modifié complètement la vie du site et puis bon les gens de Plogoff sont un peu laissés monter la tête par les gens de l'extérieur et puis se sont opposés à cette centrale. Et c'est exclusivement dû à l'élection de M. François Mitterrand s'il a été annulé en fait.

K.B.: Ah, ça a été annulé.

Yannick: Oui. Mais exclusivement parce qu'ils avaient tenu tellement de promesses sur le plan local, ils étaient tellement engagés pour ne pas tellement faire autre chose.

K.B.: Oui. Et vous croyez que c'est bien?

Yannick: On peut être pour ou contre le nucléaire mais je pense que ça aurait quand même amené beaucoup de travail dans la région. Si cette centrale avait été bien gérée autour parce que ce qui se passait, c'est que à l'époque, c'était M. Giscard d'Estaing qui était au gouvernement et lui souhaitait une centrale nucléaire qui aurait donné de l'électricité mais en point c'est tout, alors qu'eux ont été agréables de, d'avoir euh de l'industrialisation avec, à proximité comme Quimper, Douarnenez hein sur ces grands sites. Il aurait pu avoir . . . créé des emplois. Parce qu'actuellement sur la région il n'y a pas beaucoup d'emplois, même très peu.

Gérard: Moi personnellement je suis d'un avis différent. Je ne pense pas qu'une centrale nucléaire aurait apporté des emplois. Maintenant le lieu même choisi par L'Electricité de France était pour moi un lieu qui ne répondait pas sur un plan technique spécifiquement à une centrale nucléaire. Maintenant d'un autre côté, sur un plan purement culturel, eh bien le lieu choisi était pratiquement un lieu druidique, c'est-à-dire un lieu d'une ancienne religion et en définitive pour mon problème culturel à moi, c'est comme si on avait voulu construire une centrale nucléaire soit en Angleterre à Stonehenge par exemple ou sur la cathédrale de Chartres ou, pourquoi pas?, à St Pierre de Rome, à savoir que sur un plan religieux eh bien la Pointe du Raz a une certaine valeur reconnue dans le monde entier, donc c'était peut-être une hérésie aussi culturelle que technique.

French-English Vocabulary

The words in the vocabulary list are defined according to the contexts in which they are found in the book. Not all the meanings of a word are included, therefore, and some definitions are only appropriate in the particular context in which they are found here.

abord: d'abord first of all

l' **acier inoxydable** stainless steel

actionner to set (sth) off

actuellement at the moment, nowadays

admettre to admit

afin de in order to

afin que so that

agité (*of sea*) rough

l' **agneau** lamb

agrandir to enlarge, make bigger

aider to help

ailleurs: d'ailleurs in any case

aimer mieux to prefer

aîné elder

l' **alimentation** (*f*) food; grocer's shop

l' **aller (simple)** single (*of train/boat ticket*); **l'aller retour** return ticket

allumer to light

aménagé decked out, equipped

l' **anchois** (*m*) anchovy

ancien former

l' **animal** (*m*) **domestique** pet

annulable subject to cancellation

l' **appareil** (m)*:* **l'appareil commercial** shopping facilities; **l'appareil photo** camera; **. . . à l'appareil** . . . speaking

appartenir to belong

apporter to bring, take

apprécier to enjoy, appreciate

apprendre to learn

après after

l' **armagnac: à l'armagnac** with Armagnac brandy in it

l' **arrêt** stop

arrêter to stop

l' **artichaut** (*m*) artichoke

l' **assiette** (*f*) plate

atroce atrocious, horrendous

l' **attelage** (*m*) gear, trappings

s' **attendre à** to expect to

attendre to wait

attente: la salle d'attente waiting room

attention: faire attention aux autres to be considerate to others; **à quelle attention dois-je écrire le chèque?** who should I make the cheque payable to?

au delà de beyond

aucun any; no . . . at all

au-dessus above, over

autant so much

autant en profiter might as well make the most of it

autant de . . . que . . . as many . . . as . . .

autour around

autrement otherwise

avancer to progress, move forward

avant before

l' **averse** (*f*) shower

l' **avis** (*m*) opinion; **à notre avis** we think, in our opinion

les **bagages** (*mpl*) luggage

le **bac** sink, tub

la **baguette** stick-loaf

balancer to be swayed

la **barbe** beard

la **barque** boat

bas(-se) low

le **bassin** pelvis

le **bâtiment** building

battre to beat

le **besoin** need

bien que although

bienvenu welcome

le **blé noir** buckwheat

boisé forested, wooded

la **boisson** drink

la **boîte aux lettres** letter-box

le **bon** voucher

la **bonneterie** hosiery, knitted goods

bord; à bord on board

border to border, bound

la **bordure** edge; **en bordure de plage** right by the beach

bovin bovine, of cattle

la **brochette** skewered meat, kebab

la **broderie** embroidery

le **bruit** noise
le **buste** torso
la **buvette** refreshment bar

le **cadeau** present
la **cale** slip (*of quay*)
le **camarade** friend
la **campagne** country; **à la campagne** in the country
le **caprice** whim
la **carrière** career
la **carte postale** postcard
casser la croûte to have a snack
la **cave** cellar
c'est-à-dire that is to say, in other words
ce qui/ce que the thing which; something
célèbre famous
le **cervelas** saveloy (type of sausage)
cesser to stop, cease
chacun each (one)
le **chalutage** trawling
le **champ: sur le champ** immediately
la **chance: avoir de la chance** to be lucky
le **chantier** shipyard
le **chantilly** whipped cream
change: le bureau de change foreign exchange office
chaque each, every
le **chariot à bagages** luggage trolley
le **chasseur** hunter; **lapin chasseur** rabbit cooked in a wine sauce
le **château (=le châteaubriant)** Porterhouse steak
se **chauffer** to keep warm
la **chaussure** shoe
le **chemin** road
le **cheval** horse (meat)
le **choix** choice

le **chou-fleur** cauliflower
ci-dessous below
ci-joint enclosed
le **cidre** cider
le **cintre** coat-hanger
les **cires** (*fpl*) waxworks
citer to quote, cite
le **citron** lemon
la **clé** key
le **cœur** heart
le **coiffeur** hair-dresser's
le **coin** corner; **dans le coin** around here
le **coca** Coke
le **coli** postal parcel
la **colline** hill
le **commerçant** shop-keeper
le **commerce** shop, business
commode comfortable
composer to dial
composter to date-stamp
la **compote de pommes** stewed apples
comprendre (*pp compris*) to include, comprise
conduire to take, lead; to drive
confier to entrust
la **confiture** jam
**connaissance: faire connaissance avec ... ** to get to know ...
le **conseil** advice, 'tip'
la **conserverie** canning factory
la **consigne** left-luggage office
le **consommateur** consumer
consommer to consume, drink
construire (*pp construit*) to construct
le **conteur** story-teller
contre against

convenable in good order
convenir to suit
la **coquille Saint-Jacques** scallop
la **corniche** coast
le **corps** body
la **correspondance** connection (of trains)
la **côte** chop; coast
la **couchette** bunk
le **coude** elbow
la **cour des départs** departure hall
le **courrier** mail
les **courses: faire les courses** to do the shopping
la **crèche** crib
la **criée** fish sold at auction
le **croisement des chemins** crossroads
le **croque-monsieur** toasted sandwich with ham and cheese
cru raw
les **crustacés** (*mpl*) shellfish
la **cuillerée (à soupe)** (soup) spoonful
cuit cooked

d'abord first of all
d'ailleurs in any case
d'après following, according to
débarquer to disembark, land
le **débarquement** landing, disembarkation
découper to cut out
le **défilé** procession
la **dégustation** tasting
dehors: en dehors de outside
déjà already
la **délivrance** handing in
demain tomorrow
la **dentelle** lace
le **dentifrice** toothpaste
le **départ** departure

déposer to leave
depuis since
déranger to disturb
le **dériveur** storm-spanker
(*type of boat*)
dernier last; **le
dernier** the last person
derrière behind
**dès: dès votre
arrivée** as soon as you
arrive; **dès le
lendemain** the very
next day
dès que as soon as
détruire to destroy
devenir to become
devoir (*pp* **dû**) to have
to
la **disposition: à votre
disposition** at your
disposal
distraire to entertain,
amuse
se **divertir** to amuse
oneself
les **divertissements**
(*mpl*) forms of
entertainment
la **dizaine** about ten
domestique: l'animal
(*m*) **domestique** pet
donc so, therefore
le **dos** back
la **douane** customs
la **douche** shower
la **douleur** pain
les **draps** (*mpl*) sheets
se **dresser** to rise up
le **droit** right, fee; **le droit
d'entrée** entrance fee
dû (*pp* of **devoir**)
dur hard
la **durée** length
durer to last

l' **éclaircie** (*f*) bright
interval (*of weather*)
éclaté sparkling,
brilliant

s' **écouler** to pass, slip
away
écouter to listen
l' **édifice** (*m*) building
**effectuer: des stages
effectués** courses
you've been on
s' **effectuer** to take place
efficace effective
l' **élevage** breeding,
rearing (*of cattle, sheep,
etc.*)
l' **élevation** (*f*) lifting,
raising
élevé high, elevated
éloigné far
l' **embarcadère**
(*m*) landing stage
emporter to take away
emprunter to take,
make use of
encore still
encore une fois again
l' **engrais** (*m*) fertilizer
s' **ennuyer** to get bored
enregistrer to record
l' **ensemble** (*m*) group;
**dans son ensemble/
dans l'ensemble** as a
whole, on the whole
ensemble together
ensuite afterwards
l' **entreprise** (*f*) business
entre between
envier to envy
environ about
les **environs** (*mpl*)
surroundings
envoyer to send
épais thick
l' **épaule** (*f*) shoulder
l' **épi** (*m*) star
l' **éponge** (*f*) sponge
l' **époque** (*f*) time, epoch;
à l'époque at the time
(*of its construction*)
équestre equestrian (*to
do with horses*)
l' **équitation** (*f*) horse-
riding

l' **escalope** veal cutlet
essayer to try
l' **étage** (*m*) floor, storey
l' **étage** (*f*) stage, step (*of
journey*)
éteindre to extinguish,
put out
(s') **étendre** to spread out
étendu extensive
l' **étiquette** (*f*) label
l' **étoile: sous la belle
étoile** under the stars
l' **événement** (*m*) event
évidemment obviously
évident obvious
éviter to avoid
l' **exposition** (*f*)
exhibition
l' **exploitation agricole**
(*f*) farm
**extractif: industries
extractives** mining
industries
l' **extrémité** end; **à
l'extrémité de** at the far
end of

la **façon** way; **de la façon
suivante** in the
following way
face opposite, in front of
la **faïence** pottery
la **faute** mistake
le **faux-filet** sirloin steak
fermer to shut; **fermer
à clé** to lock
le **feu d'artifice** firework
(display)
le **fléchage** route marked
with arrows
le **fil** fishing line; current
la **fois** time
la **fonderie** foundry,
smelting works
fournir to furnish,
provide
le **foyer** home
frais (fraîche) fresh;
cool/cold
la **fraise** strawberry

la **framboise** raspberry
franchir to cross
les **frites** (*fpl*) chips, French fries
le **froment** wheat
fumer to smoke

garder to keep, withhold
la **garderie d'enfants** children's nursery
se **geler** to freeze
gêner to get in the way of
gérer to manage
le **genre** type
le **gîte** holiday home (converted cottage or barn)
la **glace** ice-cream
la **gorge** throat
le **goût** taste
graisser to grease
grandeur nature life-sized
gratuit/gratuitement free
la **guerre** war; **la Grande Guerre** the Great War (1914–18)
le **guichet** counter, window

s' **habiller** to get dressed
l' **habitation** (*f*) dwelling-place
le **hareng** herring
le **haricot vert** green bean
hélas alas
honte: avoir honte de to be ashamed of
l' **huître** (*f*) oyster

il y a . . . . . .ago
l' **immeuble** (*m*) building, block of flats
l' **incendie** (*m*) fire
indiquer to indicate, tell
indispensable essential
innombrable innumerable

s' **intéresser à** to be interested in
interdit forbidden
s' **intituler** to be called, entitled

la **jambe** leg
le **jeu** game
jour: tous les jours every day
jusqu'à up to, until

la **laisse** (dog's) lead
la **lampe de chevet** bedside lamp
la **langue** language
le **lapin** rabbit
le **lard** bacon
le **lavabo** wash basin
la **lave-vaisselle** dish-washer
léger light
la **légèreté** lightness
le **légume** vegetable
le **lendemain** next day; **au lendemain de** shortly after
la **lentille** lentil
levé raised
libeller to write out (*a cheque*)
libérer to vacate
libre free
le **lièvre** hare
lieu: avoir lieu to take place; **les lieux** (*mpl*) premises
le **linge** linen; **le linge de toilette** towels etc.
se **livrer à** to specialize in, devote oneself to
loc. (= location) vélo bike-hire
le **local** room, building, place
le **locataire** tenant
la **location** hire
loin far
les **loisirs** (*mpl*) leisure activities

longue: à la longue in the long run
le **loqueteau** latch
lorsque when
louer to hire

maintenir to keep
maison home-made
le **malaise** sickish feeling
le **mandat** money order
le **maquereau** mackerel
maraîchères: cultures maraîchères market-gardening
le **marais-salant** salt-pan
la **marée** tide; **à marée basse** at low tide
marémoteur, -trice tidal
le **marin** sailor
le **marron** chestnut
les **médicaments** (*mpl*) medicines
méfier: méfiez-vous! watch out!
meilleur better; **le meilleur** the best
le **mélange** mixture
même even
le **mendiant** dried fruit and nuts (served as a dessert)
le **merguez** spicy sausage
la **météo** weather
le **métier** job
la **métropole** large city
meunière in a meunière (lemon) sauce
mieux: aimer mieux to prefer
le **milieu** middle; surroundings
le **miel** honey
le **mode** way
la **mode** fashion
moins: le moins possible the fewest possible; **au moins** at least; **moins de** less, fewer

la **moitié** half
la **monnaie** currency, change
le **monnayeur** slot (for coins)
le **morceau** piece
le **moteur** engine
la **moule** mussel
mouvementé busy, very active
la **mûre** blackberry
le **musée** museum; **le musée de cires** waxworks museum

la **naissance** birth
naître to be born
le **navire** ship
ne ... que only
néanmoins nevertheless
nettoyer to clean
la **noix** (wal)nut
la **noix de coco** coconut
non plus either
la **note** bill
la **nourriture** food
nuageux cloudy
la **nuque** nape of neck

l' **oignon** onion
l' **omoplate** (*f*) shoulder blade
l' **oreiller** (*m*) pillow
orienter to focus on
l' **orteil** (*m*) toe
oublier to forget
ouest west
outre in addition to

le **panneau** sign
Pâques Easter
le **paquet** parcel
parce que because
parcourir to traverse, go through
pareil the same
parfois sometimes
le **parfum** perfume

part: d'une part on one hand
partager to share
partir: à partir de (starting) from
parvenir to arrive
pas mal quite a bit, quite a few
le **passager** passenger
se **passer** to happen
la **pêche** peach
la **pêche: le port de pêche** fishing port
le **pêcheur** fisherman
pedestre on foot
la **peinture** paint
la **pelouse** grass, lawn
pendant during
la **penderie** hanging-space
perdre to lose
permettre to permit, allow
peut-être perhaps
le **pichet** jug
la **pièce** room
le **pied** foot; **à pied** on foot
pincer to nip, catch one's finger in door
la **pintade** guinea-fowl
la **piscine** swimming-pool
plaisance: la navigation de plaisance pleasure cruising
le **plaisir** pleasure
la **planche à voile** wind-surfing (board)
le **plancher** floor
le **planning** diary, schedule
le **plant: les jeunes plants** seedlings
se **plaquer** to lie flat
le **plat** meal, dish, food
plein full; **plein de choses** lots of things; **le plein air** open air
la **plongée sous-marine** deep-sea diving

plus: non plus either; **en plus** in addition; **plus ... plus ...** the more ... the more ...
plusieurs several
plutôt rather, more likely to be
le **poids** weight
la **poignée** handful
les **pompiers** fire-engines
le **pont** deck
le **porc** pig
la **porte-clés** keyring
porter to wear
se **porter (bien)** to be in (good) health
la **portière** (car-)door
posséder to possess
postale: la carte postale postcard
pour que so that
pourquoi? why?
pourtant however
pratiquer to practise, play (*a sport*)
le **pré-salé** salt-meadow sheep
préféré favourite
se **présenter** to present itself, oneself; to go
pressé busy, in a hurry
prêt ready
prévoir (*pp* prévu) to provide, foresee
prier to request
primeurs forced vegetables and fruit
le **prix** price
prochain next
procurer to buy
à **propos** about
propre clean, tidy
protéger to protect
provençale: à la provençale with a sauce of onion, tomato, aubergine, green pepper, etc.
provoquer to cause
proximité: à

proximité nearby
puisque since
la **purée** mashed potato

la **raffinerie** refinery
rappeler to remind
rapporter to bring in money
rassurez-vous! be reassured! don't worry
rechercher to search for
réclame: en réclame cheap offer
réclamer to claim
recommander to recommend; **fortement recommandé** highly advisable
reconnaître to recognize
le **reçu** receipt
réduit reduced; **à prix réduits** at reduced prices
le **refus** refusal
la **régate** regatta, boat-race
le **règlement** payment
le **remède** remedy
remettre to hand over, take back
la **rémoulade** remoulade sauce, a type of French dressing
remplir to fill in
se **rendre à** to get to
les **renseignements** (*mpl*) information
se **renseigner** to obtain information
le **repas** meal
rester to stay
le **rez de chaussée** ground floor
réunir to get together
la **réussite** success
le **rêve** dream
le **réveil** alarm clock
réveiller to wake someone up
se **réveiller** to wake up
les **rillettes** (*fpl*) potted meat

le **riz** rice
rôtir to roast

la **SNCF = Société Nationale des Chemins de Fer Français** French Railways
sage good, well-behaved
la **salle d'attente** waiting-room
la **salle d'eau** room with shower/wash basin, etc.
la **salopette** dungarees
sain healthy
salé: le petit salé pickled pork
le **salon repos** rest room
la **salubrité publique** public health
la **santé** health
satisfaire to satisfy
sans without
la **saucisse** freshly made 'wet' sausage (a bit like English sausage)
le **saucisson** dry sausage (a bit like salami)
sauf que except that
le **saumon** salmon
le **sauveteur** rescuer, life-saver, fireman
le **savarin** round cake with hole in centre, flavoured with rum
le **savon** soap
la **séance** showing
sécher to dry
le **secours** help, assistance, rescue
la **sécurité** safety
séduire (*pp* **séduit**) to seduce, lure, attract
le **séjour** living-room
selon according to; **selon vous** in your opinion
la **semaine** week
le **sentier** path, track
se **sentir** to feel
la **serrure** lock

la **serviette de bain** bath-towel
se **servir de** to use
seul only, a single; alone
la **sidérurgie** iron-smelting
le **siècle** century
les **siens** his people
la **signification** meaning
sinon apart from that
situé situated
soi oneself
se **soigner** to take care of, doctor oneself
soigneusement carefully
le **soin** care; **avec soin** carefully
les **soldes** (*mpl*) clearance sale
solitaire on your own
le **sommet** summit
la **sortie** way out, exit
souhaitable desirable
la **souplesse** suppleness
le **sourire** smile
sous under, beneath
soutenir to support
souterrain underground
souvent often
soyez...! (from **être**) be...!
le **spectacle** show
les **spiritueux** (*mpl*) spirits (alcohol)
le **stage** course
le **stagiaire** someone enrolled on a course, student
se **succéder** to follow each other
suffire to suffice, to be enough
suivre to follow
sujet: au sujet de about, on the subject of
supplémentaire extra
surmonter to overcome
surtout especially

la **surveillance** supervision
surveiller to supervise

la **tâche** task, chore
la **taille** size
tandis que whilst, whereas
tard late
la **tasse** cup
tel such; **un tel ...** a ... like this
télégraphier to send a telegram
le **témoin** witness; **reste le témoin de** ... is a lasting reminder of
le **temps: plein temps** full time; **à mi-temps** part-time; **de temps en temps** from time to time
le **temps** weather
tenir to hold, keep
la **tenue** outfit, clothes
le **terrain** plot of ground
le **terroir** land, region
le **thon** tuna-fish
le **timbre** stamp
tirer to draw, pull

tirer partie to take advantage
le **tissu** material
tôt early
tous everyone
tous les jours every day
tout le monde everyone
tout de suite straight away
toutefois all the same, however
trait: avoir trait to have a bearing on, relate to, be relevant
le **travail ménager** housework
la **traversée** crossing
tricoter to knit
trop too much
le **trottoir** pavement
la **truite** trout

uniquement only
l' **unité** unit
l' **usine** (*f*) factory
utiliser to use

les **vacances** (*fpl*) holidays
la **vaisselle** crockery

la **valeur** value
valoir: il vaut mieux it is best to
les **végétaux** plants
veiller to stay up
le **vélo** bike
vendre to sell
le **vent** wind
le **verre** glass
vérifier to check
la **viande** meat
vide empty; **l'estomac vide** on an empty stomach
le **vieillissement** ageing
la **vigie** watch-tower
la **ville-marché** market town
vivant alive
les **viviers** breeding tanks
la **voile** sail
le **voisin** neighbour
le **vol** theft
les **volailles** poultry
la **vue** view

le **wagon-restaurant** restaurant car

le **yaourt** yogurt